乡村振兴背景下乡村发展路径探索

姜冬梅 著

吉林人民出版社

图书在版编目（CIP）数据

乡村振兴背景下乡村发展路径探索/姜冬梅著.--长春：吉林人民出版社, 2021.8
ISBN 978-7-206-18374-4

Ⅰ.①乡… Ⅱ.①姜… Ⅲ.①农村—社会主义建设—研究—中国 Ⅳ.① F320.3

中国版本图书馆 CIP 数据核字 (2021) 第 167331 号

责任编辑：李　爽
封面设计：黄伟娟

乡村振兴背景下乡村发展路径探索
XIANGCUN ZHENXING BEIJING XIA XIANGCUN FAZHAN LUJING TANSUO

著　　者：	姜冬梅
出版发行：	吉林人民出版社出版　（长春市人民大街7548号　邮政编号：130022）
印　　刷：	三河市嵩川印刷有限公司
开　　本：	710mm×1000mm　　　1/16
印　　张：	9.5　　　字　　数：163 千字
标准书号：	ISBN 978-7-206-18374-4
版　　次：	2021年9月第1版　　　印　　次：2022年1月第1次印刷
定　　价：	49.00元

如发现印装质量问题，影响阅读，请与印刷厂联系调换。

前　言

自改革开放以来，我国社会经济发展取得了显著成效，人民的社会文化生活呈现出和谐稳定的状态，人民生活水平日益提高，物质文化需要的满足已经达到了相当高的水平。人们对未来的美好生活有了更高的追求。习近平总书记在十九大报告中强调要"实施乡村振兴战略"，"乡村振兴战略"为今后乡村发展、农村改造指引了方向，指明了中国农村未来之路，是从根本上促进农业发展、农民增收、城乡融合的必然之路，是农村在结合自身特色的情况下向城市过渡的重大创新。"乡村振兴"是新时代实现中华民族伟大复兴的重要举措。

基于此，本书以"乡村振兴背景下乡村发展路径探索"为题，在内容编排上共设置六章：第一章阐述乡村振兴战略实施的意义、乡村振兴的分类导向、乡村振兴的目标与任务；第二章探讨乡村振兴的体系建设、乡村振兴的基础建设、乡村振兴的改革与发展；第三章探究乡村生态农业发展组织、乡村生态农业与效益经济、乡村振兴背景下生态农业发展路径；第四章讨论乡村旅游发展的基本理念、乡村旅游发展现状与趋势、乡村旅游的多元化发展、乡村振兴与乡村旅游景观规划发展；第五章分析乡村文化建设、乡村文化建设的重要性、乡村振兴视域下的乡村文化建设路径；第六章解析乡村治理的基本原理、乡村治理的"三治融合"体系的构建、乡村振兴背景下乡村治理现代化发展。

全书秉承较为新颖的理念，内容丰富详尽，结构逻辑清晰，客观实用，从乡村振兴的目标与任务，乡村振兴背景下乡村生态农业、乡村旅游发展、乡村文化建设发展、乡村治理与现代化发展的角度对读者进行引入，系统性地对乡村振兴战略进行全面解读。另外，本书注重理论与实践的紧密结合，对乡村发展具有一定的参考价值。

本书的撰写得到了许多专家学者的帮助和指导，在此表示诚挚的谢意。由于笔者水平有限，加之时间仓促，书中所涉及的内容难免有疏漏与不够严谨之处，希望各位读者多提宝贵意见，以待进一步修改，使之更加完善。

目　录

第一章　绪　论 ...001
第一节　乡村振兴战略实施的意义 ...001
第二节　乡村振兴的分类导向 ...002
第三节　乡村振兴的目标与任务 ...009

第二章　乡村振兴的建设与发展 ...012
第一节　乡村振兴的体系建设 ...012
第二节　乡村振兴的基础建设 ...034
第三节　乡村振兴的改革与发展 ...040

第三章　乡村振兴背景下乡村生态农业发展 ...056
第一节　乡村生态农业发展组织 ...056
第二节　乡村生态农业与效益经济 ...062
第三节　乡村振兴背景下生态农业发展路径 ...071

第四章　乡村振兴背景下乡村旅游发展 074
   第一节　乡村旅游发展的基本理念 074
   第二节　乡村旅游发展现况与趋势分析 077
   第三节　乡村旅游的多元化发展 081
   第四节　乡村振兴与乡村旅游景观规划发展 095

第五章　乡村振兴背景下乡村文化建设与发展 098
   第一节　乡村文化建设 098
   第二节　乡村文化建设的重要性分析 102
   第三节　乡村振兴视域下的乡村文化建设路径 103

第六章　乡村振兴背景下乡村治理与现代化发展 109
   第一节　乡村治理的基本原理 109
   第二节　乡村治理"三治融合"体系的构建 123
   第三节　乡村振兴背景下乡村治理现代化发展 134

结束语 142

参考文献 143

第一章 绪 论

第一节 乡村振兴战略实施的意义

农村地区是具有自然、社会、经济等综合特征的地域综合体，是农村居民生产生活的主要承载地，也是传统文化传承、生态环境保护的重要载体。乡村与城市相互促进、共生共荣，是人类活动空间的重要组成部分。实施乡村振兴战略，是党的十九大做出的重大决策部署，是有效解决新时代我国社会主要矛盾的重要路径，也是补齐全面建成小康社会短板的战略选择，更是全面建设社会主义现代化国家的重要保障，具有重大的现实和深远的意义。

一、解决新时代我国社会主要矛盾的重要路径

矛盾是事物运动发展的源泉和动力。准确把握社会主要矛盾和次要矛盾的特质性，及时处理和辨析二者的关联性，是辩证唯物主义和历史唯物主义的基本要求。中华人民共和国成立七十余年来，世情、国情、党情、民情在发展中不断出现新变化，在社会生产力快速发展、人民生活水平不断改善、人民对美好生活需求不断提高、发展不平衡不充分问题日益凸显的背景下，我国社会主要矛盾随着经济社会的不断发展而不断变化。

改革开放40多年来我国经济社会取得的巨大成就，也进一步印证了我国之所以能够创造人类历史上的发展奇迹，其根本在于准确抓住了我国社会主要矛盾。党的十九大报告指出，经过长期努力，中国特色社会主义进入了新时代，这是我国发展的新的历史方位。中国特色社会主义进入新时代，我国社会主要矛盾已经转化为人民日益增长的美好生活需要和不平衡不充分的发展之间的矛盾。人民的需求和区域的协调，对经济社会发展提出了更高的要求，改革开放40多年来取得巨大发展

成就的同时，城乡发展水平出现分化趋势。

进入新时代，加快推动乡村振兴战略，就是要按照党中央的总要求，夯实农村发展产业基础、推动设施建设与城市同步、促进农民增收致富、改善农村生态环境，实现城乡融合发展。因此，在我国发展进入新时代背景下，实施乡村振兴战略，既是解决新时代我国社会主要矛盾的重要路径，也是实现城乡融合发展的重要举措。

二、全面建设社会主义现代化国家的重要保障

社会主义现代化强国建设是整体性建设，是在全面协调推进经济建设、政治建设、文化建设、社会建设、生态文明建设和党的建设中，不断地促进物质文明、政治文明、精神文明、社会文明和生态文明协同发展的社会整体文明进步过程，也是促进城市与乡村融合发展的过程。实现农业和农村现代化、农民增收致富，是建设社会主义现代化强国的重要内容，在社会主体现代化强国建设中具有至关重要的作用。我国广大农村地区人口众多、发展基础薄弱、振兴难度较大。可以说，社会主义现代化能否整体实现，农业农村现代化、农民实现增收致富是其首要指标，也是全面建成小康社会的首要指标。

实施乡村振兴战略是新时代做好"三农"工作的总抓手，事关整个社会主义现代化建设大局。实施乡村振兴战略，推动广大乡村地区快速发展，实现产业兴旺、生态宜居、乡风文明、治理有效、生活富裕，不仅能够为农业农村现代化的顺利实现提供坚实的物质基础，而且能够为全面建设社会主义现代化国家提供保障。

第二节 乡村振兴的分类导向

一、集聚提升类村庄

集聚提升类村庄是指现有规模较大的中心村和其他仍将存续的一般村庄，具有较大的发展提升空间。目前我国大多数乡村都属于集聚提升类村庄，是乡村振兴的重点。根据历史沿革、地理区位、经济基础、产业发展情况，又可将该类村庄分为两个小类：一是通过撤乡并村，由原来的两个及以上村庄合并形成的新村庄，并已发展成为经济强村，具有较好的经济基础，交通区位条件较好，且第二、第三产业已形成一定的规模，如江苏、浙江等经济发达地区的村庄多属于此种类型；二是产业发展以农业为主，第二、第三产业相对较弱的村庄。坚持因地制宜，科学确定村庄发展方向，在原有规模基础上有序推进改造提升，激活产业、优化环境、提振人气、增添活力，保护保留乡村风貌，建设宜居宜业的美丽村庄。鼓励发挥自身比较优势，依托田园风光、乡土文化、民俗技艺等独特资源，坚持"一村一品"，强化主导产业支撑，支持农业、工贸、休闲服务等专业化村庄发展，以产业发展促进集聚提升类村庄经济繁荣，实现第一、第二、第三产业融合发展。

（一）原有规模上有序改造提升

依托村庄本土资源优势，继续推进现有产业发展，突破现有发展瓶颈，形成产业联动，促进村庄产业功能拓展与业态延伸。

第一，针对农业基础条件较好的村庄，重点依托农业资源优势，加快改善农业基础设施条件，发展现代农业。同时，拓展农业功能，发展农产品加工业，延长农业产业链，提升农业附加值，促进村庄产业经济提升，带动村庄功能转型和产业、人口、用地和文化的发展。

第二，针对第二、第三产业发展相对较好的村庄，重点以特殊工艺和手工制造为核心资源，利用加工业的基础优势，带动原材料种植行业发展。同时，配套发展相关生产性服务业，形成完整的产业链条，带动村庄产业转型与升级。

（二）同步推动专业化村庄发展

结合村庄发展实际及发展规划，按照"区域调特、规模调大、品种调优、效益调高"的思路，坚持遵循国际国内市场需求导向，科学选择适合自身发展、符合市场需求的特色优势主导产业。充分发挥村庄的资源优势、传统优势和区位优势，通过专业化、标准化、规模化、市场化和品牌化建设，强化主导产业支持，发展农业、工贸、休闲服务等专业化村庄。

第一，针对农业基础条件较好的村庄，继续培育壮大现有产业，推进"一村一品"，选择1~2个特色支柱产业，突出培育"独一份""特别好""好中优"农产品，形成一批以蔬菜、水果、畜禽及乡村旅游等为主导的花果飘香、畜禽成群、环境优美、农民富裕的专业村。同时，加强品牌建设、认证、保护和宣传，借鉴烟台苹果、和田大枣、永川秀芽等知名品牌，打造具有地域特色的农产品公共品牌，提升农产品知名度和市场竞争力。拓展融资渠道，推行"公司+基地+农户""合作组织+基地+农户"等发展模式。探索连锁经营、产销直挂、产品配达等新业态，培育农村经纪人和农民专业合作社，实现农产品快速、有序流通。

第二，针对第二、第三产业发展相对较好的村庄，鼓励发展农产品加工、储藏、包装、运输、商品化处理等产业；拓展生态保护、文化传承、休闲观光等农业功能，发展乡村旅游和休闲农业；支持发展电子商务营销，保障特色产品优质优价，实现产业链相加、价值链相乘、供应链相通的"三链重构"，推动主导产业提档升级，实现产业融合发展。

二、城郊融合类村庄

城郊融合类村庄是指县城城关镇所在地及城市近郊区的村庄，具备成为城市后花园的优势，也具有向城市转型的条件。实际上，这类村庄已经成为城市的一部分，城市的公共服务和基础设施等也在向这类村庄延伸，具有经济条件较好、基础设施和公共服务设施较为完善、交通便捷、农业集约化规模化经营水平高、土地产出效率高、农民收入水平相对较高等特点。

结合工业化、新型城镇化发展，并考虑村庄发展实际，坚持共建共享、融合发展理念，促进城市要素加快向村庄流动、农产品及生态旅游资源加快向城市流动，形成城乡公共服务共建共享、基础设施互联互通、产业融合发展的新局面。同时，注重保留乡村原有的风貌形态，构建现代乡村治理新体系，提升村庄承接城市功能外溢、服务城市发展、满足城市消费需求的能力。

（一）促进城乡产业的融合发展

立足城乡融合类村庄的资源禀赋，科学选择具有一定发展基础和发展空间的主导产业，发展特色经济，加强三次产业联动发展，加快村庄产业向城镇产业融合的步伐。

第一，合理布局城郊融合类村庄的农业发展空间，着力发展特色优势农业，依托龙头企业、家庭农场、大户等新型农业经营主体，适度发展规模农业，推进农业园区（基地）建设，提升农产品供给质量。

第二，鼓励城镇工业生产要素向城郊融合类村庄流动。城郊融合类村庄应以新型城镇化为契机，充分利用连接城乡的区位优势，积极承接城市加工、制造业转移，大力发展以特色优势产业为依托的农产品加工业，延伸农业产业链条，提升农产品附加值。

第三，发展农村现代服务业，优化城郊融合类村庄的人口和产业布局，改善农村现代服务产业环境，促进农村服务业标准化、规范化发展，创新"旅游+""+旅游"模式，推动农、旅、文、商、体等产业深度融合，促进乡村旅游产业提档升级，更好地满足城市消费需求。

（二）促进基础设施的互联互通

立足城郊融合类村庄的区位优势，大力推进面向"三农"需求的网状基础设施建设，构建城乡互联互通、安全高效的基础设施网络体系，进一步提升该类型村庄承接城市功能外溢的能力。

第一，继续实施"四好"农村路建设工程。重点建设一批旅游路、产业路、便民路，加快形成从城市到乡村、从市场到田头畅通便捷的交通网络体系。同时，探索拓展扩宽乡村路，比如配套规划和修建停车场、水电气设施、服务区、加工区、生活区等，解决乡村基础设施建设和公共服务难题，推进创新发展。

第二，优化水资源配置。推进重点水源工程建设，着力解决工程性缺水问题。以新建集中式供水工程、管网延伸工程、水质净化与消毒设备配套工程及信息化工程建设为重点，加强农村饮用水网络建设，保障农村生活用水。扎实推进农业节水行动，大力实施高效节水灌溉工程，构建农业灌溉供水网络体系。

第三，加强信息网络建设。深入实施数字乡村振兴战略，推进光纤、4G等高速宽带网络延伸覆盖，大力发展农村电子商务，深入推进"移动互联网村"和电子商务进农村示范建设。

第四，健全新型农村综合信息服务体系。集聚各类信息服务资源，全面推进信息产品和服务进村入户。

第五，立足城郊融合类村庄实际，实施农村电网改造升级行动，改造提升现有燃气管网，主动融入城镇管网体系，提高城乡电力、燃气保障均等化水平。

（三）促进公共服务的共建共享

加快城郊融合类村庄公共服务发展，有利于推进该类村庄经济发展方式转变，提高产品供给的质提升服务城市发展的能力。打造城市优质公共服务资源的分散承接区，通过优质公共服务向城郊分散布局。

第一，打造城市优质教育资源的分散承接区。推动城市优质学校与村镇中小学校结对帮扶、联建共建，改善原有的义务教育薄弱学校、乡村小规模学校、寄宿制学校基本办学条件，提升其办学水平。同时，积极对接上级部门，争取成为城市优质基础教育资源合理分散布局的承接区域，并以优质中小学师资为支撑，在承接区域建立分校，以有效缓解城市优质教育资源过于集中而带来的交通等压力。

第二，推进城郊公共卫生资源合作共享。在围绕建设"健康乡村"改善本地医疗卫生软件硬件的同时，抓住国家大力推进医疗联合体建设的契机，加强与城市大医院等的合作，争取纳入各种形式的医联体，实现农村医疗与城市医院的双向转诊，以更好地优化医疗资源配置，解决百姓看病难、看病贵的问题。

第三，打造城郊康养基地。围绕城市后花园的定位，积极提升村庄养老服务能力，探索"公建民营""民办公助"养老服务发展模式，打造专业化、个性化、便利化的城郊康养基地，既能为农村留守老人提供高质量养老服务，又能满足城市老人的就近养老需求。

三、特色保护类村庄

特色保护类村庄是指历史文化名村、传统村落、少数民族特色村寨、特色景观旅游名村等自然历史文化特色资源丰富的村庄。一般来说，该类型村庄有明显的地理优势，交通出行便捷，有山有水，适宜居住；有相对集中的传统院落，古建筑风格特色突出；还有深厚的人文资源优势，以及重要历史事件和历史名人、非物质文化遗产的传承、民间传说、地方小吃等。同时，该类村庄也面临产业类型较单一，以及保护重要性认识不够、资金投入不足等问题。

由于各个村庄的经济、地理情况及村庄特色的表现形式不同，其发展重点和方向也各不相同。因此，该类型村庄要体现差异性，根据不同地区的自然历史文化禀赋，将保护、利用与发展相结合，保护村庄的传统地址、格局、风貌、自然和田园景观等整体空间形态，以及文物古迹、历史建筑、传统民居等传统建筑基础，尊重原住居民生活形态和传统习惯，改善村庄基础设施和公共环境，合理利用村庄特色资源，发展乡村旅游和特色产业，实现村庄特色保护与村庄发展良性互促，打造有地域风貌、文化脉络、历史记忆、民族特点的特色村庄。

（一）坚持保护利用与发展并重

随着乡村振兴战略的加快实施，农民生活水平不断提高，对物质和精神文化的需求也会随之发生变化，从而对村庄的发展和特色保护提出了新的要求。村庄的保护应集中体现在确保村庄的完整性、真实性和延续性，而村庄特色的延续和保护又是村庄发展的基础。同时，村庄发展也能赋予村庄更丰富的内涵，使村庄的特色更加富有生命力。因此，应积极探索该类村庄保护、利用与发展管理机制创新。

第一，强化村庄规划设计引导，保护和塑造特色风貌。根据村庄自身条件和发展需要，在原有村庄格局、形态肌理的基础上，注重村庄详细规划，遵循村庄自然演变规律，尊重农民生产生活习惯和乡风民俗；积极构建村庄点上出色、线上出彩、面上出新的绿色发展新格局，培育一批自然环境优美、人文特色鲜明、建筑风貌协调、适宜产业壮大的特色美丽村庄，促进整体风貌改善。

第二，挖掘利用文化旅游资源，传承展示村庄特色。大力发展文化旅游产业，积极发展运动、养老、民宿、文创等经济业态，提高农民收入水平。深度挖掘历史文化内涵，积极开展村庄物质和非物质文化遗产普查登记。积极举办各类文化节庆活动，加强文化传承，开展文化展示活动，让游客在休闲观光中体会到特色文化、生活习俗等的乐趣。

（二）改善村庄基础设施与环境

特色保护类村庄的发展离不开良好的基础配套设施和环境。

第一，积极提升农村基础设施建设水平。推进村镇道路提档升级，改善村庄内部交通条件，提升道路通达水平；完善农村交通配套设施，在主要村口、路口增设村标、路标，结合村庄总体布局、绿化建设，增加停车场地，满足村民和游客日益增长的停车需求。

第二，加快优化农村生态环境。按照城区环境卫生管理的模式进行村庄环境卫生建设，加大村庄垃圾收运处理设施和污水处理投入，探索城乡环卫设施资源共享；以治脏、治乱、治污为重点，加强农民房前屋后环境整治，引导鼓励村民共同维护村庄环境；推动农村生活垃圾分类处置，提升垃圾减量化、无害化、资源化处理水平；围绕垃圾收运、道路修护、绿化养护、河道管护、公共设施维护等建设，建立健全长效机制，实现由"以建为主"向"建管结合"的转变，同时探索引入市场机制，培育市场化的专业管护队伍。

四、搬迁撤并类村庄

搬迁撤并类村庄主要包括三大类：位于生存条件恶劣、生态环境脆弱、自然灾害频发等地区的村庄，因重大项目建设需要搬迁的村庄，人口流失特别严重的村庄。生存条件恶劣不适宜居住和生态环境脆弱的地区，这些地区基础设施落后、发展潜力有限，主要分布在山区。至于人口大量流失导致出现空心化的村庄，虽然土地条件相对来说不算特别好，但土地、耕地还可以用，这类村庄的生产功能可以保留，土地可以进一步集中以发展现代农业，人口可以往集聚提升类村庄集中。

（一）集中与分散安置相结合

按照"搬得下、稳得住、富得起"的总体要求，坚持"政府引导、农民主体、市场运作"的原则，立足集镇与中心村建设，按照"内聚外迁、梯度转移"方式，采取整体搬迁与零星搬迁相结合、集中安置与分散安置相结合、保留原有生产资料与推进土地山林规模流转相结合的办法组织实施，力争对符合搬迁条件的农户基本实现愿搬尽搬。同时，着力加快安置区产业发展，拓宽群众增收渠道，推进迁出区土地整治和生态修复，保护生态环境，促进乡村振兴。

统筹考虑水土资源条件、贫困人口分布及搬迁对象意愿，结合新型城镇化、工业园区建设、城镇保障性安居工程和美丽乡村建设，重点向靠近交通要道的中心村、移民新村、小城镇、工业园区及乡村旅游区等适度集中安置，引导搬迁群众通过进城务工、投靠亲友等方式分散安置。

（二）推进安置区的产业发展

根据安置区资源禀赋、环境承载情况，紧密结合新型城镇化和美丽乡村建设，培育发展特色优势产业，鼓励搬迁户流转承包地、林地经营权，促进乡村发展规模经营。坚持区域特色主导产业发展与就业增收相结合，坚持产业发展长短结合、种养结合，不断增强脱贫的稳定性和可持续性。优先安排搬迁贫困户开展适应性技能培训，提高就业能力，拓宽搬迁对象增收渠道。

（三）推进迁出区整治与修复

通过平整土地、改良土壤等方式，实施迁出区基本农田改造。深入开展迁出区宅基地复垦工作，增加有效耕地面积。加强迁出区生态修复，与退耕还林还湿、天然林保护、地质灾害防治、生态环境综合治理等工程相结合，确保迁出区生态环境明显改善。

第三节　乡村振兴的目标与任务

一、乡村振兴概述

乡村振兴包括乡村产业振兴、乡村人才振兴、乡村文化振兴、乡村生态振兴、乡村组织振兴这五个方面振兴：

1. 乡村产业振兴。中国农业的生产方式、组织方式、管理方式正在发生质的嬗变。加快构建现代农业产业体系、生产体系、经营体系。推进农业由增产导向转向提质导向，开展土地整理，农业适度规模经营具备经济基础和政策基础。

2. 乡村人才振兴。把人力资本开发放在首要位置，在乡村形成人才、土地、资金、产业汇聚的良性循环，乡村振兴，需要一大批新型职业农民。现代农业，呼唤着乡村人才振兴，现代化农业、绿色农业、休闲农业、农村电商等如雨后春笋般纷纷崛起，机器人摘黄瓜、大田测土配方施肥等互联网的农业应用层出不穷。

3. 乡村文化振兴。加强农村思想道德建设和公共文化建设，培育文明乡风、良好家风、淳朴民风，要体现浓郁的当代特色乡村文化把传统留住、把文化留住，适应时代的变化。构建具有生动气息的新乡土。还要体现浓郁的当代特色，提升农民精神风貌，提高乡村社会文明程度，焕发乡村文明气象。

4. 乡村生态振兴。坚持绿色发展，加强农村突出环境问题综合治理，让良好生态成为乡村振兴支撑点，落实生态发展理念，实施农业绿色发展理念。

5. 乡村组织振兴。建立健全党委领导、政府负责、社会协同、公共参与、法治保障的现代乡村社会治理体制，确保乡村社会充满活力、安定有序。

二、乡村振兴的目标任务

2018年，在党的中央一号文件《中共中央国务院关于实施乡村振兴战略的意见》中明确地指出要坚定不移地按照党的十九大提出的实施乡村振兴战略。按照十九大提出的决胜全面建成小康社会、要分两个阶段稳步实现第二个百年奋斗目标的战略安排，中央农村工作会议明确了实施乡村振兴战略的目标任务。

（一）制度框架与政策体系基本形成

在尊重农民的基础上，提高农业综合生产能力，使农业稳步推进，农业供给体系和制度框架基本形成，使农业发展水平明显提高，使农村一、二、三产业融合发展水平进一步提升；拓宽农民的增收渠道，创新产业布局，从而减小城乡贫富差距，促进城乡产业的交融和进一步的发展；增进农村基础设施建设工作，改善农村人口居住环境，全面推进美丽宜居、宜游的乡村改良工作；城乡的差距正在逐渐缩小，基本公共服务均等化水平进一步提高，城乡融合发展体制机制已经初步建立；农村建设对人才的吸引力逐步增强；农村完善环境后，周边生态环境明显好转，农业生态旅游服务能力进一步提高；更重要的是以党组织为核心的农村基层组织干部建设进一步得到加强，乡村治理体系进一步完善；且党的农村工作领导体制机制进一步健全；各单位、各地区、各部门推进乡村振兴的思路举措得到群众的认可和响应。

（二）农业农村现代化基本实现

到 2035 年乡村振兴将取得决定性进展，农业结构将得到根本性改善，农民就业质量显著提高，乡村人民的贫困程度得到改善，奔向更美好的生活，走全体人民共同富裕道路，且稳步前行；城乡基本公共服务都相继实现，且发展体制机制更加完善；乡风文明迈向新的高度，乡村治理体系进一步完善；农村生态环境有很大的好转，美丽且宜居乡村基本实现。

（三）乡村全面振兴，全面实现

实施乡村振兴战略是根据新时代做好三农工作新旗帜的总抓手，如果没有农业农村的现代化，那就没有当代国家的现代化，乡村振兴战略是我党中央和国家事业全局出发着手于实现奋斗目标的战略，乡村振兴不仅顺应亿万农民对美好生活的向往，做出了富有极大挑战性的突破，还是决胜全面建成小康社会，全面建设社会主义现代化国家的一大历史任务。乡村振兴战略的最终目标，是要不断提高村民在产业发展中的参与度和受益面，彻底解决农村产业和农民就业问题，确保当地群众能够长期稳定增收、安居乐业，享乡村振兴丰硕之果。

三、乡村振兴的基本原则

1. 坚持党管农村工作。要毫不动摇地坚持和加强党对乡村振兴工作的领导，健全党管农村工作领导体制机制和党内法规，确保党在农村工作中始终总揽全局、协调各方，为乡村振兴提供坚强有力的政治保障。

2. 坚持农业农村优先发展。在乡村振兴中，首先需从农业着手，坚持农业农村优先发展，把实现乡村振兴作为全党的共同意志。由党带领，共同行动，做到认识统一、步调一致，在干部配备上优先考虑乡村，在要素配置上优先满足乡村发展需要，在资金投入上优先乡村提供保障，在公共服务上优先解决乡村的服务设施，从而加快补齐农业农村短板。

3. 坚持农民主体地位。在乡村振兴中，应充分尊重广大农民意愿，切实发挥好农民在乡村振兴中的主体地位，调动亿万农民振兴乡村的积极性、主动性、创造性，在维护农民群众根本利益的同时，把促进农民共同富裕作为出发点和落脚点，促进农民持续增收，不断提升广大农民的获得感、幸福感、安全感和民族自豪感。

4. 坚持乡村全面振兴。要想全面振兴乡村，还需准确把握乡村振兴的科学内涵，挖掘乡村多种致富渠道，学会发现乡村发展优势，并统筹规划农村经济建设、政治建设、文化建设、社会建设、生态文明建设和党的建设，注重协同性、关联性，整体部署，协调推进且坚持乡村全面振兴。

5. 坚持城乡融合发展。摒弃旧体制的弊端，使市场在资源配置中起决定性作用，充分发挥政府的作用，推动城乡融合发展，充分利用城乡各自的发展优势，互利共补，促进要素自由流动、平等交换，推动新型工业化、信息化、城镇化、农业现代化同步发展，加快形成工农互促、城乡互补、全面融合、稳步发展、共同繁荣的新型工农城乡关系新局面。

6. 坚持人与自然的和谐共生。在振兴乡村的过程中，要注意坚持人和自然和谐发展，牢固树立和践行绿水青山就是金山银山的新时代理念，落实保护环境，节约且合理使用生态资源，保证自然界平衡自身恢复能力，统筹起山水、林田、湖草等的治理，严守生态保护红线，以绿色发展引领乡村振兴，以人和自然的和谐发展打造美丽乡村。

7. 坚持因地制宜、循序渐进。乡村振兴需坚持因地制宜发展策略，科学把握乡村的差异性，充分利用好乡村发展的优势特征，做好顶层设计，注重规划先行、突出重点、步步推进、分类施策、典型引路。既要尽力而为，又要量力而行，不搞层层加码，不搞一刀切，不搞形式主义，久久为功，扎实推进，循序渐进地推进乡村振兴。

第二章 乡村振兴的建设与发展

第一节 乡村振兴的体系建设

一、乡村经济建设

全面推动乡村地区经济发展，既是乡村振兴的需要，也是乡村振兴的基础。乡村地区经济建设一方面是满足人民生活水平不断提高对农产品的需求；另一方面是满足农业生产者收入不断提高的需要。乡村经济建设要以农业供给侧结构性改革为指导思想，以市场经济为基础，依托制度创新、组织创新和技术创新来进行。深化农村土地产权制度改革和农业经营制度改革，大力实施农业生产组织创新，推动第一、第二、第三产业融合发展，充分利用分子生物技术和物联网等新技术，改造传统农业生产方式，提高农业生产率和竞争力。

（一）深化农业供给侧结构性改革

1. 农业供给侧结构性改革的核心

农业供给侧结构性改革就是要从供给入手转变农业的发展方式，改善供给结构。其核心是指通过自身的努力调整，让农民生产出的产品，在质量和数量上，符合消费者的需求，实现产地与消费地的无缝对接；也就是用改革的办法推进结构调整，减少无效和低端供给，扩大有效和中高端供给，增强供给结构对需求变化的适应性和灵活性，提高全要素生产率，使供给体系更好地适应需求结构变化。

2. 提高农业供给体系质量与效率

农业供给侧结构性改革需要进一步优化农产品品种结构和区域布局，建设好粮食功能区和主要农产品保护区，巩固国家的粮食安全底线。

一方面要强化扶持引导，建设新型农业经营体系。发挥新型经营主体的凝聚带动作用。以新型经营主体为带动，促进土地规模化经营和农业产业结构调整，大力发展设施农业，不断促进农业增效、农民增收。

另一方面要发挥各地由市场力量和资源禀赋决定的竞争优势，大力发展特色优势农产品生产，使农产品特而专、新而奇、精而美。随着生活水平的提高，人们对食品安全和健康有了新的追求。绿色无污染，由农户自己养殖、种植的畜禽、蔬菜日益受到人们追捧。当前农产品"有没有""够不够"已不是问题，"好不好""优不优"才更受关注。面对大宗农产品总量过剩，优质农产品供给不足，其实质是农业结构调整跟不上消费升级步伐导致的矛盾，其背后也蕴藏着农业供给侧结构性改革的巨大空间和质量兴农的巨大潜力。

3. 做大做强地方优势的特色产业

农业供给侧结构性改革必须因地制宜，做大做强地方优势特色产业，使具有地方特色的优质农产品，例如，杂粮杂豆、蔬菜瓜果、茶叶、花卉、食用菌、中药材和特色养殖等提升档次、升级产品、扩大利润空间，努力把地方特色小品种和土特产做成带动农民增收的大产业。

加强优势特色农产品生产、加工、储藏等技术研发，构建具有地方特色的技术体系。加快信息技术、绿色制造等高新技术向农业生产、经营、加工、流通、服务领域渗透和应用。加强特色产品、特色产业开发和营销体系建设。

加快推进特色农产品优势区建设，制定特色农产品优势区建设规划，鼓励各地争创园艺产品、畜产品、水产品等特色农产品优势区，推动资金项目向优势区、特色产区倾斜。推动完善"菜篮子"市长负责制考核机制，开展鲜活农产品调控目录试点。加快发展都市现代农业，深挖农业潜力，创造新需求。

塑造农产品品牌，以优势企业、产业联盟和行业协会为依托，在粮油、果茶、瓜菜、畜产品、水产品等大宗作物及特色产业上打造市场信誉度高、影响力大的区域品牌、企业品牌和产品品牌。通过培训、学习、经验交流，提升乡村居民的品牌意识，以及农业品牌建设与管理的能力和水平，充分利用各种农产品营销推介平台，推进乡村品牌建设。

（二）构建新型农业经营体系

现代农业产业体系、生产体系、经营体系，是发展现代农业、特色农业、创汇农业的"三大支柱"。产业体系和生产体系的关键是提升农业生产力水平和生产效率，而经营体系的关键则在于创新农业经营模式。党的十九大报告将"构建现代农业产业体系、生产体系、经营体系"作为乡村振兴战略的主要措施之一。结合我国农村目前的实际情况和条件，协调推进"现代农业三大体系"的建设工作，同时进一步完善农业支持保护制度，发展多种形式适度规模经营，培育新型农业经营主体，健全农业社会化服务体系，实现小农户和现代农业发展有机衔接，是当前农村经济改革与发展的重要环节。

1. 构建现代农业产业体系

现代农业产业体系是集食物保障、原料供给、资源开发、生态保护、经济发展、文化传承、市场服务于一体的综合系统，是多层次、复合型的产业体系。现代农业产业体系是衡量现代农业整体素质和竞争力的主要标志，解决的是农业资源的市场配置和农产品的有效供给问题。构建现代农业产业体系，就是要以市场需求为导向，充分发挥各区域的资源比较优势，以粮经饲统筹、农牧渔结合、种养加一体为手段，通过对农业结构的优化调整，提高农业资源在空间和时间上的配置效率。深入实施藏粮于地、藏粮于技战略，严守耕地红线，全面落实永久基本农田特殊保护制度，稳定耕地保有量，保护基本农田面积。加强基础建设，调整品种结构，强化政策扶持，确保国家粮食安全。

构建现代农业产业体系，需要以地方特色优势产业为支撑。特色主要是指资源和产品的品质，而优势则是指市场份额、消费信誉、品牌影响和出口能力。一方面，必须深入挖掘各地农村农业资源的发展潜力，在现有农村产业的基础上做好优选和结构优化工作，使产业优势能够充分反映资源优势。注重生产力空间布局工作，高效配置资源；关注农村产业培育与生态环境的协调发展问题，做好生态红线和耕地红线的划定和管理；另一方面，必须创新产业发展战略，着力培育有市场需求、有出口能力、产业链条长、产业互补性强、产品品质高的产业体系。各地选择主导产业应坚持差异性、互补性、循环性的原则，尽量避免结构雷同。同时，要加快培育创新体系，加强农村技能培训，还需培育一大批农业企业家引领产业成长。

2. 构建现代农业生产体系

现代农业生产体系是先进科学技术与生产过程的有机结合，是衡量现代农业生产力发展水平的主要标志，通过实施良种化、延长产业链、储藏包装、流通和销售等环节的有机结合，提升产业的价值链，发展高层次农产品，壮大农业新产业和新业态，提高农业质量效益和整体竞争力。

构建现代农业生产体系，就是要转变农业要素投入方式，用现代物质装备武装农业，用现代科学技术服务农业，用现代生产方式改造农业，提高农业良种化、机械化、科技化、信息化、标准化水平。大规模推进农村土地整治和高标准农田建设，稳步提升耕地质量。按照"五个集中"原则，以粮食生产功能区和重要农产品保护区为重点，全面加强田、土、水、路、林、电、技的建设和改造，加快构建现代农业生产体系：

第一，要发展龙头企业、家庭农场、家庭牧场、农民专业合作社等，创新农业经济的微观经济基础，加快粮食生产全程机械化推进，加强全程机械化主体和示范区建设，着力发展高效、节本、智能化农机装备，促进机械化向产前、产后延伸，培育农机作业服务市场，建设全程机械化示范区，提高农作物耕种收综合机械化水平。

第二，要加快培育有文化知识、技能水平高、创新创业能力强的新型职业农民，同时支持农民工、职业院校毕业生等人员加入新型职业农民队伍中去。

第三，要打造现代化农业引领平台，推进现代农业产业园、科技园建设。加快培育标准化生产基地，以农产品基地、合作社、服务公司等为主要平台，全面实行标准化和组织化。

第四，要坚持实施适度规模化经营战略，积极发展生产、供销、信用、电商的综合合作关系。大力发展数字农业，加快推进互联网＋现代农业，实施智慧农业林业水利工程。提升信息进村入户水平，推进玉米、水稻、畜牧、设施蔬菜等产业物联网示范园区建设，加快农业卫星数据云平台建设，提升气象为农服务能力，争取早日实现信息服务站行政村全覆盖。

第五，创新农业科技研发推广体制机制，围绕提质增效需要，开展重大科技攻关和技术模式创新，加快成果转化和集成应用，加强基层农技推广体系建设，不断提高农业科技贡献率。重点培育地方领军型龙头企业。加大对产品开发和技术改造支持力度，推动农产品加工业转型升级，引导一般食品加工业在村镇、大型食品加工业加工在县域工业集中区集群发展，就近转化农业原料和产品。

3. 构建现代农业经营体系

现代农业经营体系是新型农业经营主体、新型职业农民与农业社会化服务体系的有机组合，是衡量现代农业组织化、社会化、市场化程度的重要标志，主要涉及专业大户、家庭农场、家庭牧场、农民合作社、龙头企业等。当前构建现代农业经营体系要集中解决好一系列问题，如农民要向职业化方向发展、坚持适度规模经营、建立社会化服务体系等。

第一，要着力推进土地流转型适度规模经营，统筹兼顾培育新型农业经营主体和扶持小农户，积极培育和规范建设家庭农场、农民专业合作社、农业产业化龙头企业等新型农业经营主体，并有效发挥其示范引领作用和带动农户功能。积极推广"种养结合"模式的农户经营结构，支持具有一定规模的种植户发展养殖业，发挥对农民增收和培肥地力的促进作用。加大对小农户生产的政策扶持，改善小农户生产设施条件，加强科技培训和职业教育，提高小农户抗风险能力，促进小农户和现代农业发展有机衔接。创新"公司+农户"模式，在"公司+基地+农户""超市+基地+农户""科技公司+基地+合作社"等方面做更多的尝试。

第二，要培育新型市场经营体系，提升农产品的国内和出口层次。特别是"一带一路"沿线的省区市农村，要把外向发展和经营作为新的战略重点，按照国际农产品市场的需要和特点，打造出口型现代农业高新技术产业园区、出口基地、出口加工区、出口贸易区等。

第三，加快培育农业社会化服务体系。发展服务带动型规模经营，发展农业生产性服务业，培育各类专业化服务组织，推进农业生产全程社会化服务，帮助小农生产节本增效。推动群体发展型规模经营，实施产业兴村强乡行动，促进扶持一村一品、一乡一业发展，引导小农从分散的单打独斗式生产向集中连片的群体化生产转变，帮助小农户对接市场、发展联合协作。培育金融、信息、农机和技术服务等服务主体，推进农业社会化服务体系的专业化发展，大力发展公益性农业服务机构，加强新型生产经营或服务主体之间的合作，提高农业社会化服务的综合效益。鼓励引导工商资本开展种子、加工、销售、生产服务等生产经营，向农业输入现代生产要素和经营模式。健全工商资本租赁农地的监管和风险防范机制。

（三）聚集现代生产要素，促进产业融合

大力开发农业多种功能，延长产业链、提升价值链、完善利益链，完善农业产业链与农民利益联结机制，支持和鼓励农民就业创业，培育乡村发展新动能，拓宽农民增收空间，让农民合理分享全产业链增值收益。

1. 积极发展农产品加工业

延长农业的产业链条，增加产业附加值。积极发展农产品加工业，强化农产品产后商品化处理。深入实施质量品牌提升行动，促进农产品加工业转型升级。建设农产品加工技术集成基地，开展关键技术装备研发和推广。深入实施农村产业融合发展试点示范工程，开展农业产业化示范基地提质行动，建设一批农村产业融合发展示范园和先导区。

深入推进农业绿色化、优质化、品牌化发展。全面落实国家质量兴农战略规划，建立健全质量兴农的政策体系、工作体系和考核体系。健全农业生产标准体系，大力推广标准化生产，鼓励和引导龙头企业、农民专业合作社、科技示范户和家庭农场率先实行标准化生产，支持"三品一标"认证，建设绿色基地。提高农产品质量及完善食品安全标准体系，加快农业投入品和农产品质量安全追溯体系建设，健全农产品质量和食品安全监管体制，重点提高基层监管能力。

做大做强优质特色农产品品牌。开展特色农产品品牌创建行动，分层级、类别，突出地理信息和企业信息，完善地区特色优势农产品品牌体系，推动农产品生产加工标准化、外向型和优质安全的发展，提升品牌产品附加值，巩固和深化品牌建设，提升品牌影响力。深化与"一带一路"沿线国家和地区农产品的贸易关系，实施特色优势农产品出口提升行动，扩大高附加值农产品出口。

2. 发展农村新产业新业态

发展壮大农村新产业新业态。大力推进农业农村资源与休闲旅游、农耕体验、文化传承、健康养生等产业的深度融合，丰富乡村旅游业态和产品，打造各类主题乡村旅游目的地和精品线路，发展观光农业、体验农业、创意农业等新产业新业态。合理布局、有序推进美丽乡村建设，支持发展乡村旅游，开展示范县、美丽休闲乡村、特色魅力小镇、精品景点线路、重要农业文化遗产等项目推广。持续推进"乡村旅游后备箱行动""一村一品"等乡村旅游建设专项行动，深入开展乡村旅游点改厨、改厕、改院落、整治周边环境等"三改一整"工程，农村集体经济组织可以创办乡村旅游合作社，或与社会资本联办乡村旅游企业，推动乡村休闲旅游业扩大规模、提档升级。

3. 建设现代化农业产业园

以规模化种养基地为基础，依托农业产业化龙头企业带动，聚集现代生产要素，建设"生产+加工+科技"、一、二、三产业融合的现代农业产业园，发挥技术集成、产业融合、创业平台、核心辐射等功能作用。吸引龙头企业和科研机构建设运营产业园，发展设施农业、精准农业、精深加工、现代营销，发展农业产业化联合体，推动农业全环节升级、全链条增值。支持农户通过订单农业、股份合作、入园创业就业等多种形式参与建设、分享收益。

（四）"互联网+农业"生产组织新方式

"互联网+农业"是指将互联网技术与农业生产、加工、销售等产业链环节结合，实现农业发展科技化、智能化、信息化的农业发展方式。目前物联网、大数据、电子商务等互联网技术越来越多地应用在农业生产领域，这种发展方式不仅重塑了农产品的流通模式，推动了农产品电子商务的新发展，而且在一定程度上加速了转变农业生产方式、发展现代农业的步伐。

1. 智能农业模式

以计算机为中心，对当前信息技术的综合集成，集感知、传输、控制、作业为一体，将农业的标准化、规范化大大向前推进了一步，不仅节省了人力成本，也提高了品质控制能力，增强了自然风险抗击能力。

2. 农村电商模式

农村电子商务是一种电子化交易活动，它是以农业的生产为基础的。其中包括农业生产的管理、农产品的网络营销、电子支付、物流管理等。它是以信息技术和全球化网络系统为支撑点，构架类似 B2B、B2C 的综合平台支持，提供从网上交易、拍卖、电子支付、物流配送等功能，主要从事与农产品产、供、销等环节相关的电子化商务服务，农产品电商已成为促进农业发展、农村繁荣、农民增收的重要途径。

3. 融合产业链模式

将互联网与农业产业的生产、加工、销售等环节充分融合。运用互联网技术去改造生产环节提高生产水平，管控整个生产经营过程确保产品品质，对产品营销进行创新设计，将传统的农业一、二、三产业环节打通，形成完备的产业链。

与生产环节结合。依托互联网手段，通过便捷的网络通信渠道将市场供求变化和先进的农业科技技术传输到田间地头，辅助农民进行科学的生产决策，并积极引导小农经营向规模化、集约化方向发展。

与加工环节结合。应用信息技术实现对原料采购、订单处理、产品加工、仓储运输、质量管控的一体化管理，实现企业内部生产加工流通各环节上信息的顺畅交流和资源的合理配置，促进企业管理科学化和高效化。

在销售环节结合。利用现代网络技术，例如，射频技术和传感技术等，可实现农产品流通信息的快速传递，减少物流损耗，提高流通效率；引入商业智能和数据仓库技术，龙头企业可以更加深入地开展数据分析，提供有效的市场决策，积极应对市场风险；通过打造电子商务和网络化营销模式，实现农产品销售不再受限于地域和时间的制约，促进农业生产要素的合理流动，构建高效低耗的流通产业链。

与消费环节结合。利用物联网技术建立农产品安全追溯系统，对消费的农产品的来源、经过的环节、增值的过程都通过产品标识或者信息编码的方式传递给最终消费者，让原本游离于产业运行体系之外的消费者能够了解到农产品的相关质量信息，促进消费。

综上，可以说"互联网+农业"提高了效率，降低了风险，实现了数据可视化、市场可视化，使生产产量可控；打破传统，重新构建了农产品流通模式，突破了传统农产品生产模式，建立新的信息来源模式；提升消费者安全感，向国外可追溯农业看齐，加强食品安全监管；链条化，纵向拉长产业结构；信息共享，了解更多最新、最全信息。

二、乡村人文建设

五千年的文明发展创造出璀璨的中华文化，它不仅是中华民族生息繁衍的源泉，也是中华民族历经劫难走向振兴的重要支撑。乡村是中华文化发源和传承的重要载体，拥有众多的文化遗产和自然遗产。加强文化建设就是在充分传承和发扬中华文化的基础上，利用文化自身的功能，为乡村经济社会稳定可持续发展服务，为中华民族伟大复兴服务。乡村振兴是乡村文明的振兴，使文化成为乡村的凝聚力、生产力和驱动力，以文化提升生活品质，拓展发展空间，引领文明进步，造福乡民，意义非凡而深远。

乡土文化是乡村振兴的动力之源，中华民族伟大复兴要以中华文化发展繁荣为条件，只有将中华文化体现和惠及在幅员广阔的中国乡村上，才能算得上真正的繁荣，乡村富庶而文明。让农业成为有奔头的产业，让农民成为有吸引力的职业，让农村成为安居乐业的美丽家园，这三个方向的评判标准，不是单纯的统计报表所能够回答的，更多的是人们心底对于乡村的认同。实际上是工业文明的突飞猛进和在城市化加速发展的过程中，对乡村聚落和乡村生活方式的价值认同。

在乡村，几千年来的传统文化仍然可以根据既有的现实条件进行挖掘整理，这将是更适合乡村文化建设的最好文化养料。

（一）"文化+"打造文化共同体

文化发展和建设是一个综合性的问题，不是一个简单的文化问题，不能只就文化来说文化，必须把文化建设与相关的方方面面结合起来。优秀民俗文化能够凝聚民心、教化人心，是情感的纽带，能够增进乡土生活的幸福感，实施"文化+"计划，有助于充分发挥乡土文化的重要作用，增强乡村文化驱动力，加速传统文化、农耕文明与现代传播载体和特色产业的有机结合，形成文化与产业共促共荣的良好局面，打造文化共同体。新时代的乡村文化是对中国传统文化的解构、传承、转型和中国特色社会主义文化的建构。传承发展提升农村优秀传统文化，吸取城市文明及外来文化优秀成果，在保护传承的基础上，创造性转化、创新性发展，不断赋予时代内涵、丰富表现形式。

1. "文化+传统道德"

积极利用优秀传统民俗文化的正能量，把传统道德约束与村民自律、村组织管理有效结合起来，促进和谐稳定。以社会主义核心价值观为引领，坚持教育引导、实践养成、制度保障"三管"齐下，采取符合农村特点的有效方式，深化中国特色社会主义和中国梦宣传教育，弘扬民族精神和时代精神。推进诚信建设，强化农民的社会责任意识、规则意识、集体意识、主人翁意识。深入实施公民道德建设工程，建好、用好农村道德讲堂，大力开展主题实践活动，宣传思想道德模范事迹。

实施"新乡贤培育计划"，建设乡村思想道德高地，充实乡村发展的中坚力量。加强乡村人力资源建设，聚人气、能传承、有后劲，是当前乡村文化建设乃至整体振兴的一个关键。

适当恢复乡贤文化，重在重建乡村的知识阶层，培育精英资源，充实精英力量，主要途径包括：一是加强知识技能培训，着力提升本地农民素质；二是加强思想道德建设，以文化人，培育乡贤文化，以社会主义核心价值观为引领，弘扬"好为德于乡"的乡贤精神，建设乡村思想道德高地；三是吸引新乡贤反哺，鼓励各方社会贤达投身乡村建设，推动人才回乡、企业回迁、资金回流、信息回传，使优秀资源回到乡村、惠及乡村。

2."文化＋公共活动"

积极开展各种文化活动，弘扬和宣传中华文化，发挥中华文化正能量的作用来为经济社会发展服务，培养广大民众弘扬中华文化的自觉行动，并树立起文化自信；利用民俗文化中带有正能量的功能，加强连接城乡的文化纽带建设，为乡村社会的自治和稳定发展服务，使优秀民俗成为乡村公共活动的平台资源，在文化上有传承，在发展中有凝聚和认同。从乡村的实际出发，因地制宜，激发乡村文化活动的主创性，充分汲取乡土精华，充分吸纳乡村文化成果，积极打造特色乡村文化，广泛开展形式多样、内容丰富的文化惠民活动，努力营造浓厚的文化氛围。

3."文化＋经济发展"

在自觉传承民风民俗的基础上，发展观光农业、现代农庄和特色小镇等，使农民在家门口致富，使乡村成为宜业宜居的新家园。

在工艺美术资源丰富地区，构建"手艺农村"站点，实现"一村一案""一乡一业"的网格化布局，在条件成熟地区探索建立传统手工艺原创生产示范基地，以手艺带农户，以农户带农村，以农村带基地，以基地带销售，建设"手艺农村"原创手工艺品线上线下营售商业模式，发展农村手工文化产业。同时，在民族及边远贫困地区实施"手艺文化扶贫"，推动少数民族及边远贫困地区手工艺产品品牌、企业品牌向区域文化品牌转移，加强手工艺知识产权法律援助，开展创意研发等文化帮扶，开放手工创意产品发行传播通道，帮助产品直销，动员吸收社会力量来发展民族地区及贫困地区特色手工艺。

（二）打造乡村人文新生态

要善于利用乡村的淳朴，历史的遗迹，乡村风俗传说与历史典故的资源，与乡村的山水、食物、自然风光结合起来，打造一种人文新生态。

要保护优秀文化遗产，深入挖掘农耕文化蕴含的优秀思想观念、人文精神、道德规范，充分发挥其在凝聚人心、教化群众、淳化民风中的重要作用。支持农村地区优秀戏曲曲艺、少数民族文化、民间文化等传承发展。同时，健全乡村公共文化服务体系，发挥县级公共文化机构辐射作用，推进基层综合性文化服务中心建设，实现乡村两级公共文化服务全覆盖。

整理、保护、传承和发展地域优秀传统文化。加强文化和自然遗产保护，坚决杜绝过度商业化开发现象。建设乡村博物馆，推动创作具有地方特色和乡土气息的书画、影视、戏曲、曲艺、文学等文化作品，尤其是体现讲好中国故事、表现人民大众、反映时代风貌、突出地域特色的文化作品。

保护好文物古迹、传统村落、民族村寨、传统建筑、农业遗迹、灌溉工程遗产，建设少数民族特色村寨。加强对历史文化名村和自然风景名村以及名人故居的修缮和保护，防止它们在工业化和城镇化进程中受到破坏，充分发挥它们在文化传承中的载体作用，要把文化建设的设施深入乡村。

（三）加强文化服务体系建设

加强农村公共文化服务体系建设，丰富群众文化生活，充实乡村内生动力。繁荣兴盛农村文化，焕发乡风文明新气象，坚持物质文明和精神文明一起抓，推动农村文化事业和文化产业发展，提升农民精神风貌，培育文明乡风、良好家风、淳朴民风，不断提高乡村社会文明程度。

我国农村地区经济社会发展水平各不相同，风土人情各异，农村文化建设应根据各地实际，体现地域特色。

第一，从乡村文明出发完善基础设施。加强各类文化基础设施建设，为乡村居民提供丰富多彩的文化服务；建设具有共同价值的"乡土博物馆"等文化设施，重视具有识别价值的乡村聚落、民居住宅等"乡土景观群"，使集物候节律、传统节日等与日常生产生活一体的"农业遗产带"焕发活力，进一步发展集循环农业、创意农业、农事体验于一体的"田园综合体"，发挥乡土文化景观的人文辐射作用。

第二，从地方文化出发，开展群众喜闻乐见的文化活动。调动农民参与热情，自创文化阵地；推进基层综合文化服务中心建设，实现乡村两级公共文化服务全覆盖；广泛开展群众性文化活动。

第三，加强"三农"题材文艺创作，反映乡村振兴的历史进程，叙述优秀的"三农"故事，体现乡村价值、乡村精神，鼓舞人们建设乡村、发展乡村；活跃繁荣农村文化市场，丰富农村文化业态。

三、乡村生态建设

乡村振兴的五个总体要求中，"生态宜居"作为关键一环，是"绿水青山就是金山银山"理念在乡村建设中的具体体现。建设好乡村生态环境，不仅对城乡乃至全国的生态建设至关重要，而且对满足城乡居民美好生态环境的追求与向往有着重要影响。尊重自然、顺应自然、保护自然，以绿色发展引领生态振兴，发挥地区生态优势，让生态和经济良性循环，实现百姓富、生态美的统一，共同打造美丽乡村、美丽中国。

（一）整治乡村人居环境

实现生态宜居的目标，首先要解决乡村现有的环境问题，改造和升级乡村居民生活环境设施，在让居民生活更方便、更环保、更有质量的同时，减少居民生活对环境产生的污染和破坏，整治乡村的人居环境，整合各种资源，做好乡村垃圾清理、污水治理、饮用水保护和村容村貌提升，稳步有序地针对农村人居环境进行治理。

推进农村生活垃圾治理。统筹考虑生活垃圾和农业生产废弃物利用、处理，建立健全符合农村实际、方式多样的生活垃圾收运处置体系。有条件的地区要推行适合农村特点的垃圾就地分类和资源化利用方式。开展非正规垃圾堆放点排查整治，重点整治垃圾山、垃圾围村、垃圾围坝、工业污染等。

开展厕所粪污治理。合理选择改厕模式，推进厕所革命。东部地区、中西部城市近郊区以及其他环境容量较小的地区村庄，加快卫生厕所建设和改造，同步实施厕所粪污治理。其他地区要按照群众接受、经济适用、维护方便、不污染公共水体的要求，普及不同水平的卫生厕所。引导农村新建住房配套建设无害化卫生厕所，人口规模较大村庄配套建设公共厕所。加强改厕与农村生活污水治理的有效衔接。鼓励各地结合实际，将厕所粪污、畜禽养殖废弃物一并处理并资源化利用。

梯次推进农村生活污水治理。根据农村不同区位条件、村庄人口聚集程度、污水产生规模，因地制宜采用污染治理与资源利用相结合、工程措施与生态措施相结合、集中与分散相结合的建设模式和处理工艺。推动城镇污水管网向周边村庄延伸覆盖。积极推广低成本、低能耗、易维护、高效率的污水处理技术，鼓励采用生态处理工艺。加强生活污水源头减量和尾水回收利用。

防控乡村企业污染。严格控制在优先保护类耕地集中区域新建有色金属冶炼、石油加工、化工、焦化、电镀、制革等行业企业，现有相关行业企业要采用新技术、新工艺，加快提标升级改造步伐。

（二）提高绿色农业的生产水平

绿色农业是发展现代农业的最前沿，不断提高绿色农业生产水平，逐步减少农业生产对生态环境的污染和破坏，用生物肥料和生物农药替代化学肥料和化学农药，使用可降解程度更高的薄膜，降低对土壤、河流的污染程度，为消费者提供安全、高品质的农产品。

1. 提高绿色消费观念与意识

随着人们生活水平的提升，绿色消费理念逐渐获得越来越多人的认可，这就大大扩大了无公害绿色农产品的消费需求。应积极宣传绿色消费理念，增强人们的绿色消费观念与意识。

第一，在日常的消费行为中，应逐渐融入一些绿色消费的理念，逐步影响消费者的行为。例如，工业化的发展带来了严重的环境污染，农药、化肥的过度使用也进一步加剧了农产品的安全隐患。

第二，加大力度宣传绿色消费及绿色产品对人体健康、环境保护方面的好处。通过科技人员下乡培训、宣传以及广播、电视、网络等媒介推广，让更多的人认识绿色农业，培养消费者的绿色消费观念，让消费者认识到农产品的质量安全、资源环境的保护都与自身利益息息相关，让农民认识到绿色农业有利于长久保障农民收入的增长。

第三，应在全国推行生态保护理念，让农业生产的生态保护意识深入人心，让绿色生产、安全生产贯穿整个农业生产，形成技术、环境、经济的和谐、可持续发展。

2. 建立绿色农业发展体系与制度

绿色农业发展能否成功，关键在于能否让农民以及相关的企业获得足够的效益。绿色农业的发展离不开市场机制的推动，但是政府扶持却是绿色农业发展的重要动力与基石，政府通过颁布相应的法律法规，为绿色农业的发展提供财力、物力、人力的支持。

构建齐全的绿色农业生产法律法规。绿色农业的可持续发展需要相应的法律法规，以加强对绿色农业发展战略的保护。绿色农业不仅关乎农业生产本身，也与环境保护直接相关。因此，完善绿色农业生产相关的法律法规，将有利于生态环境的保护，提高人民的法治意识，为绿色农业的推行提供法律支撑。

加强对绿色农产品的质量监控。应构建科学、严格的绿色农产品质量安全认证体系，并严格规范绿色农产品申报、审批相关的制度。打通绿色农产品产销通道，解决绿色农业发展的终端消费问题。规范绿色农产品质量监督管理体系，从严控品质着手，打造绿色农产品的公信力。

为绿色农业发展提供可靠的政策保障。首先要在土地经营政策方面提供支持。对于绿色农业龙头企业，优先保障其用地指标，并在工商注册、收费、土地审批方面予以支持。其次在产业投资政策方面也应予以扶持。提高政府财政预算对绿色农业发展的支持，重点倾向于有利于生态环境保护、资源利用、清洁生产等方面的绿色农业发展项目。进一步提高对循环农业、农业污染治理、高标准农田等项目的建设标准以及投资的支持力度。

3. 加强绿色农业发展的科技支撑

（1）先进技术的创新与开发。

第一，充分重视绿色农业技术人才。对于绿色农业而言，科学技术是第一生产力，而技术人才是生产力发展的关键。构建绿色农业技术研究团队，整合企业、科研院所以及高校的科研人才，聚集尖端科研实力，为绿色农业发展注入强大的人才动力。

第二，重视先进技术的创新与研发工作。从技术创新的角度开发绿色环保型农业技术，进一步满足绿色农业发展需求。在种植方面，开发保护性耕作技术，提升土地利用率与劳动生产技术；与此同时，加强防治技术、病虫害预测与控制技术的研究。在农产品加工方面，应创新绿色农产品加工工艺，拓展绿色农产品产业链，最大限度地提升和开发绿色农产品的附加值。通过技术创新，打造完善的绿色农业产业系统，推广应用无公害技术和清洁生产技术，最大限度地降低污染物的排放和资源的消耗。

第三，加强新技术、新科技的推广力度。将农业企业培养成农业新技术、新科技的研究与成果转化主体，并鼓励研究机构将研究成果向农业生产转化，积极推动各类型的农业科技服务组织参与到科技成果转化的工作当中。

（2）加大绿色农业发展的资金投入。

第一，加强财政对绿色农业产业发展的资金支持。划定各级财政的财务支持范围，鼓励绿色农业主体参与到经营当中，对于涉及公共利益的社会项目，如生态环境区的保护、生态农业基础设施建设，鼓励投资方的多元化。

第二，注重绿色农业补贴的力度与广度。提高绿色农业补贴的规模，全面提高绿色农业生产的综合能力，促进农业发展方式的转变和环境资源的保护，提升农民收入水平，促进城乡协同发展。

第三，进一步拓宽资金进入绿色农业产业的渠道。做大、做强绿色农业产业，离不开市场机制与社会资金的注入。各级政府及金融机构应加强对绿色农业发展投入的支持力度，扫清绿色农业资金投入的障碍；发挥农村信用社在绿色农业产业金融支持的作用，引导各类金融机构积极进入绿色农业，包括降低农民小额贷款的门槛，加大政府对贷款利息的补贴等。

（三）乡村土地资源整治

土地资源是农村实现发展、农民实现致富的关键渠道和手段。开展土地整治，是建设新增耕地、提升耕地产能，改善乡村生产生活条件、集约用地的重要手段。将农村土地进行整治，集中利用闲置的土地资源，规范农村土地使用行为，既能让农户直接受益，又能促进农村集体经济发展。

农村土地整治，主要是对农村地区的田、水、路、林、村进行综合整治，提高土地的利用率，当前土地整治重点将集中在建设高标准农田、增加有效耕地面积、盐碱地改良等方面；尤其是针对农村散乱用地、闲置用地、低效建设用地的整理，并对废弃的、有损毁的土地进行集中复垦。

在土地整治的参与主体间、城乡资源要素间、生产与市场间建立平台，以定制化、服务导向型的土地整治规划和工程推动土地多功能复合利用，延伸土地整治链条，培育农业和农村发展新动能，探索形成以"土地整治+"带动区域转型发展、实现综合效应的新模式。"土地整治+"是一次高起点的自我净化。其中，土地整治工程是"本体"，"+"则是土地整治与发展战略目标间的桥梁。搭建桥梁的手段在于打造"信息交互、价值传播、资源整合、产业竞合"的跨界融合平台。在"内涵"层面，土地整治须主动发挥夯实供给基础、开辟供给空间、解除供给制约、释放供给活力、丰富供给形式、优化供给结构的职能。在"外延"层面，通过土地整治平台横向接驳智库、艺术创作等创新要素，纵向关联都市服务性产业，形成从"整治"到"利用"再到"发展"的全链条动力传导。

1. "土地整治+都市服务产业"，打造特色业态综合体。借助土地整治线上平台，传播土地整治价值并对接社会需求，通过市场机制筛选未来土地利用方式的"最优解"，与相关主体达成用地意向。引入创新智库，直接对接未来规划产业的用地需求，因地制宜、因用施整，提升设计施工的精细化与美学水平。

2. "土地整治+农村闲散资源"，激活乡村发展内生动力。通过土地整治工程，改变乡村零散资源的空间结构和利用组织形式，有效对接都市需求，激活乡村发展内生"造血"能力，实现乡村振兴、精准扶贫等综合目标。以"价值挖掘、深度利用"为指引，在规划设计方面，为公共服务和乡村旅游配套设施腾挪空间，对地方原生特色地形地貌和具有文化、历史价值的建筑予以保护修缮，酌情改造为旅游服务设施。

3. "土地整治＋都市现代农业"，弥补健康农业产能短板。通过多功能农用地整治的"两增加"，即适度增加设施农用地比例、增加绿色基础设施，实现促进高科技农业生产技术落地、促进都市型现代农业的业态发展。运用"土地整治＋现代农业"，沟通供需两端，挖掘农用地复合价值，弥补健康农产品供给、农业生态旅游等都市服务短板。

4. "土地整治＋环境综合整治"，构建重大生态功能区。以重要的生态网络节点和生态保育区建设为突破口，借助土地整治平台，加强部门间规划与资源投入的协调度，有效对接社会资金、技术资源，保障土地整治顺利实施。拓展绿地、农田、水域等生态空间，消除污染点，高效利用复垦形成的土地资源，适度增加林地面积比例，促进生态空间沟通联结；借助"土地整治＋"，沟通项目区与都市区（消费市场），对各类生态空间进行保护性、有限度开发，实现"以整促绿、以绿养绿"。

（四）生态保护区与水源涵养区

生态宜居的乡村要尊重自然环境、尊重历史肌理、尊重地域文化，加强生态保护区与水源涵养区的生态功能建设，最大限度地发挥它们美化乡村，"看得见青山，望得见绿水，留得住乡愁"的生态功能。

1. 合理调整和引导产业发展

充分利用生态功能保护区的资源优势，合理选择发展方向，调整区域产业结构，发展有益于区域主导生态功能发挥的、资源环境可承载的特色产业，限制不符合主导生态功能保护需要的产业发展，鼓励使用清洁能源。

限制损害区域生态功能的产业扩张。根据生态功能保护区的资源禀赋、环境容量，合理确定区域产业发展方向，限制高污染、高能耗、高物耗产业的发展。要依法淘汰严重污染环境、严重破坏区域生态、严重浪费资源能源的产业，要依法关闭破坏资源、污染环境和损害生态系统功能的企业。

发展资源环境可承载的特色产业。依据资源的差异，积极发展生态农业、生态林业、生态旅游业；在中药材资源丰富的地区，建设药材基地，推动生物资源的开发；在以畜牧业为主的区域，建立稳定、优质、高产的人工饲草基地；在重要防风固沙区，合理发展沙产业；在蓄滞洪区，发展避洪经济；在海洋生态功能保护区，发展海洋生态养殖、生态旅游等海洋生态产业。

推广清洁能源。积极推广沼气、风能、小水电、太阳能、地热能及其他清洁能源，解决农村能源需求，减少对自然生态系统的破坏。

2. 保护和恢复区域生态功能

遵循先急后缓、突出重点，保护优先、积极治理，因地制宜、因害设防的原则，结合已实施或规划实施的生态治理工程，加大区域自然生态系统的保护和恢复力度，维护区域生态功能。

提高水源涵养能力。在水源涵养生态功能保护区内，结合已有的生态保护和建设重大工程，加强森林、草地和湿地的管护和恢复，严格监管矿产、水资源开发，严肃查处毁林、毁草、破坏湿地等行为，合理开发水电，提高区域水源涵养生态功能。

恢复水土保持功能。在水土保持生态功能保护区内，实施水土流失的预防监督和水土保持生态修复工程，加强小流域综合治理，营造水土保持林，禁止毁林开荒、烧山开荒和陡坡地开垦，合理开发自然资源，保护和恢复自然生态系统，增强区域水土保持能力。

增强防风固沙功能。在防风固沙生态功能保护区内，积极实施防沙治沙等生态治理工程，严禁过度放牧、樵采、开荒，合理利用水资源，保障生态用水，提高区域生态系统防沙固沙的能力。

3. 建立生态功能的保障措施

第一，建立多渠道的投资体系。要探索建立生态功能保护区建设的多元化投融资机制，充分发挥市场机制作用。要将生态功能保护区的运行费用纳入地方财政。同时，应综合运用经济、行政和法律手段，研究制定有利于生态功能保护区建设的投融资、税收等优惠政策，拓宽融资渠道，吸引各类社会资金和国际资金参与生态功能保护区建设。要开展生态环境补偿机制的政策研究，在近期建设的重点生态功能保护区内开展生态环境补偿试点，逐步建立和完善生态环境补偿机制。

第二，加强对科学研究和技术创新的支持。生态功能保护区建设是一项复杂的系统工程，要依靠科技进步搞好生态功能保护区建设。要围绕影响主导生态功能发挥的自然、社会和经济因素，深入开展基础理论和应用技术研究。积极筛选并推广适宜不同类型生态功能保护区的保护和治理技术。要重视新技术、新成果的推广，加快现有科技成果的转化，努力减少资源消耗，控制环境污染，促进生态恢复。要加强资源综合利用、生态重建与恢复等方面的科技攻关，为生态功能保护区的建设提供技术支撑。

第三，增强公众参与意识，形成社区共管机制。生态功能保护区的建设涉及各行各业，要得到全社会的关心和支持，尤其是当地居民的广泛参与。要充分利用广播、电视、报刊等媒体，广泛深入地宣传生态功能保护区建设的重要作用和意义，不断提高全民的生态环境保护意识，增强全社会公众参与的积极性。各级政府要通过与农、牧户签订生态管护合同，建设环境优美乡镇、生态村等多种形式，建立良性互动的社区共管机制，提高当地居民参与生态功能保护区建设的积极性，使当地的经济发展与生态功能保护区的建设融为一体。

四、乡村福祉建设

福祉建设是乡村发展的基础，它包括为广大乡村居民带来福祉的各类制度和发展红利、基础设施建设以及公共服务能力建设等内容。围绕农民群众最关心、最直接、最现实的利益问题，着力补齐农村社会发展不充分的短板，在保障和改善农村民生上取得更多实实在在的成效，增进乡村民生福祉是乡村振兴的根本。

（一）推动基础设施建设升级

农村要发展，基础设施建设是关键，从政策、资金等方面进一步完善农村道路、自来水等基础设施，让乡村打破发展瓶颈，实现民富村美。

推动农村基础设施建设提档升级，需要重塑城乡关系，走城乡融合发展之路，建立城乡一体化发展的体制机制，让乡村居民享受同等的发展红利。坚持以工补农、以城带乡，把公共基础设施建设重点放在农村，推动农村基础设施建设提档升级，优先发展农村教育事业，促进农村劳动力转移就业和农民增收，加强农村社会保障体系建设，推进健康乡村建设，持续改善农村人居环境，逐步建立健全全民覆盖、普惠共享、城乡一体的基本公共服务体系，让符合条件的农业转移人口在城市落户定居，推动新型工业化、信息化、城镇化、农业现代化同步发展，加快形成工农互促、城乡互补、全面融合、共同繁荣的新型工农城乡关系。

乡村基础设施建设要紧扣民生抓实效。在医疗卫生、教育、养老等硬件设施的建设方面，根据经济社会和人口发展的具体情况，对各种设施进行科学、平衡布局，在乡村与城镇之间构建半小时公共服务圈，实现公共服务的乡村全覆盖，缩小公共服务上的城乡差别。以增进人民福祉为出发点和落脚点，聚焦群众期盼抓改革，推动共享发展。推进农村危房改造，加大农村危旧房改造力度，重点帮助特困农户实施危房改造，支持避灾、生态脱贫等移民新村的建设；实施农村安全饮水工程，让农民都能喝上安全清洁的放心水，鼓励社会资本规范有序地参与村镇供水工程建设；完善农村路网建设，实现宜居地段通乡、通村公路全覆盖，提高农村公路安全畅通水平；改造升级农村电网，提高电网供电能力和电能质量，实现城乡各类用电同网同价，进一步减轻农村用电负担；提升农村信息化水平，实现行政村互联网宽带上网目标。

（二）提高基本公共服务水平

根据发展需要，培养合格的医生、教师、老人护理员和康复师，为居住在乡村的居民提供高质量的各种公共服务，最终实现城乡公共服务均等化。

深化教育综合改革，大力发展更加公平、更高质量的教育，全面提升教育发展质量水平。高度重视发展农村义务教育，继续推动城乡义务教育一体化发展，着力提高农村义务教育质量和便利性。发展农村学前教育；推进农村普及高中阶段教育，加强职业教育，鼓励创办县级职教中心（职业学校）。

深化社会保障制度改革，实施社会保障全覆盖工程，着力完善社会保障体系。完善城乡居民基本养老保险制度，着力增加农民基础养老金，完善统一的城乡居民基本医疗保险制度和大病保险制度，着力提高农民报销比例，统筹城乡社会救助体系，着力提高农村低保标准和覆盖面。

在构建整合型医疗卫生保障制度的过程中，我国各地区需要考虑到经济差异与管理分割等方面带来的制约性因素，建立一套合理、有序的制度设计，并依照循序渐进的原则，在实践中不断摸索、完善。增加财政投入，提高筹资水平，鼓励资金来源渠道多样化，完善长效筹资机制；实行配套改革措施，缩小城乡与区域间差距，强化政策宣传与政策落实力度；有效实施跨省就医费用核查与结报，加强农村合作医疗信息化建设与立法工作等。

推进城乡低保统筹发展，完善低保对象认定办法，建立低保标准动态调整机制，确保农村低保标准不低于国家扶贫标准。建立健全困境儿童福利保障和未成年人社会保护制度，切实维护未成年人合法权益。加强农村养老服务体系、残疾人康复和供养托养设施建设。强化农村公共卫生服务，加强慢性病综合防治，加强人畜共患病防治，改善乡镇卫生院和村卫生室硬件设备条件，加强农村医务人员队伍建设。

五、乡村政治建设

城乡壁垒的破除加快了城乡融合的进程，以往封闭的乡村逐渐走向开放。乡村之外的资本、人员和要素涌入乡村，改变了传统乡村的社会结构，推动了乡村社会向现代社会转型，同时也给乡村政治建设和治理提出了新的要求。乡村振兴过程中的政治建设既要坚持党的一元化领导，发挥党在基层引领发展的核心作用；也要以村民自治为基础，尊重自治组织的地位和作用，培育和壮大自治组织，充分发挥自治组织在社区建设和实行自治组织成员自律上的优势，正确处理基层党和政府组织、非政府组织与乡村自治组织之间在乡村治理上的关系，做到各司其职、各尽其责、相互监督、共商发展，为乡村社会的稳定和可持续发展奠定基础。

（一）强化乡村振兴的政治保障

1. 加强农村基层党组织的建设

突出强化政治功能，以提升组织力为重点，把村级党组织建设成为坚强战斗堡垒，不断夯实党在农村基层执政的组织基础。扎实推进抓党建促乡村振兴，以乡村振兴成果检验基层党建工作成效。推进星级村党组织创建活动，探索开展支部联建，持续整顿软弱涣散的农村基层党组织。全面提升村级组织规范化服务建设水平，发挥村部服务群众、凝聚群众的阵地作用，提升村级党组织服务群众能力。完善村党组织领导的村民自治机制，坚持和健全农村重大事项、重要问题、重要工作由党组织讨论决定的机制。加强党风廉政建设，推行村级小微权力清单制度，加大基层微权力腐败审查惩处力度，严厉整治惠农补贴、集体资产管理、土地征收等领域侵害农民利益的不正之风和腐败问题。加大农村基层基础保障力度，推动村级组织运转经费、村级组织服务群众专项经费稳步增长。推动农村党的组织和党的工作全面覆盖。

2. 加强"三农"工作队伍的建设

把懂农业、爱农村、爱农民作为基本要求，加强"三农"干部工作队伍培养、配备、管理、使用。制定并实施培训计划，全面提升"三农"干部队伍的能力水平。配强县、乡党政领导班子和农业系统干部。推进干部交流，有计划地选派省直部门、高校和科研院所优秀、年轻干部人才到县（市）任职，拓宽县级"三农"工作部门和乡镇干部来源渠道。加强村党组织"带头人"队伍建设，从第一书记、科技特派员、离任党员领导干部和外出务工经商人员、大中专毕业生、复员退伍军人等群体中，选一批、派一批、引一批，建设一支结构合理、素质优良、活力较强的村党组织"带头人"队伍，适应乡村振兴需要。

3. 凝聚推进乡村振兴的强大合力

以乡情乡愁为纽带，发挥工会、共青团、妇联、科协等群团组织的优势和力量，发挥各民主党派、工商联、无党派人士等积极作用，吸引社会各界投身乡村建设。加大宣传力度，讲好乡村振兴故事，宣传各地区各部门推进乡村振兴的丰富实践，振奋基层干部群众精神，营造全社会关心、支持、参与落实乡村振兴战略的浓厚氛围，加强乡村统计工作和数据开发应用。从实际需要出发，研究制定促进乡村振兴的地方性法规、规章，把行之有效的乡村振兴政策法定化，发挥立法在乡村振兴中的保障和推动作用。

（二）加强基础工作，创新治理体系

社会治理主要是政府和社会组织为促进社会系统的协调运转，对社会系统的组成部分、社会生活的不同领域以及社会发展的各个环节进行组织、协调、监督和控制的过程。社会治理的基本任务是规范社会关系、处理社会问题、规范社会行为、化解社会矛盾、促进社会公正、应对社会风险、促进社会稳定、保障人民群众的权益及其实现。社会治理是公共权力的运作和实现，社会的稳定、平安、和谐是社会治理所要达成的直接目标。推进乡村社会治理就是要实现乡村社会依法、有序、健康的发展。

1. 深化村民自治机制。坚持自治为基，始终坚持农村基层党组织领导核心地位不动摇，健全和创新村党组织领导的充满活力的村民自治机制。依法加强村级民主选举，推动村党组织书记通过选举竞选村委会主任。强化村级民主监督，加强村务监督委员会建设，加强民主管理，发挥村规民约、村民自治章程积极作用。丰富基层民主协商的实现形式，引导村民通过村民会议、村民代表会议、村民小组会议等方式协商解决问题。持续推进农村社区建设，实现农村社区全覆盖。创新基层管理体制机制，整合优化公共服务和行政审批职责，打造"一门式办理""一站式服务"的综合服务平台。在村庄普遍建立网上服务站点，逐步形成完善的乡村便民服务体系。发展壮大新型村级集体经济，增加集体经济收入。

2. 建设法治乡村。坚持法治为本，树立依法治理理念，强化法律在维护农民权益、规范市场运行、农业支持保护、生态环境治理、化解农村社会矛盾等方面的权威地位。增强基层干部法治观念、法治为民意识，加强基层干部依法办事能力的建设，将政府涉农各项工作纳入法治化轨道。深入推进综合行政执法改革向基层延伸，推动执法队伍整合、执法力量下沉。建立健全乡村调解、县市仲裁、司法保障的农村土地承包经营纠纷调解机制。加强农村法治宣传教育，引导群众遵法、学法、守法、用法，依法表达诉求、解决纠纷、维护权益。加强对农民的法律援助和司法救助，力争形成覆盖城乡、功能完备、便捷高效的公共法律服务网络体系。

3. 提升乡村德治水平。坚持德治为先，以德治滋养法治、涵养自治，让德治贯穿乡村治理全过程。深入挖掘乡村熟人社会蕴含的道德规范，结合时代要求进行创新，强化道德教化作用，建立道德激励约束机制，引导农民自我管理、自我教育、自我服务、自我提高，实现家庭和睦、邻里和谐、干群融洽。

4. 加强乡村社会治安综合治理。完善县乡村综合治理工作机构，实行干部联村维稳制度，加快推进农村社区网格化管理。推进农村"雪亮工程"建设，持续开展农村安全隐患治理，加强农村警务、消防、安全生产工作，坚决遏制重特大安全事故。

5. 探索"政经分开"的乡村社区治理方式。农业组织形式和生产方式的转变要求创新乡村治理机制。理顺农村集体经济组织、农村股份合作经济组织与"村两委"的关系，"政经分开"是未来我国乡村社区治理方式改革的可行方向。深化"政经分开"改革，进一步剥离村"两委"对集体经济的经营管理职能，以及农村自治组织的行政职能和自治职能。基层自治组织"两委"班子成员不兼任集体经济组织领导成员。切断基层自治组织凭借党组织关系对集体经济组织进行直接管理和干预的渠道。引导农村从集体经济组织包揽社区公共服务费用转向由享受服务的居民付费，其运作模式可仿照行业协会。集体经济组织社区公共服务支出视为参与公益事业，应享受税前抵扣。股份制改革可以成为农村集体经济组织改革的选择，却不应是唯一选择。建议：集体经济组织广泛引入企业经营管理制度；尽快立法赋予农村集体经济组织法人身份和地位，明确规定其可享有的税收优惠政策；同时，继续加大政府对社会组织的培育力度，提高公众参与社会公共事务的主动意识和能力，推动社会组织参与社区民主议事、民主监督和民主管理。"政经分开"改革要求集体经济发展必须达到一定水平，且对地方财政提出较大挑战，应因地制宜地推广"政经分开"的改革经验。

第二节 乡村振兴的基础建设

一、乡村振兴基础建设的发展思路

推进社会主义新农村，建设新时代下的生态宜居农村，是实施乡村振兴战略的一项重要任务。祖国振兴，离不开农村的建设。以人民群众为主，从人民的需求出发，加强改善群众反映最强烈的突出问题，从人民群众中来，到人民群众中去，努力落实群众基本需求。从乡村本土文化、地域特点、本土产业等出发，建设环境适宜、产业上行、民居安业的美丽乡村，需要一个完善落地的建设发展思路。

第一，明确目标客户，实行乡村本土消费模式指引产品研发，在明确本村目标客户后推行项目设计。

第二，推行梯度开发，综合项目特性、乡村场地条件、投资额度统筹考虑，将意义重大、带动性强的项目优先安排。

第三，明确市场需求，准确把握旅游市场由休闲向度假转变趋势，着力构建度假产品体系，注重项目体验环境与质感。

第四，注重营造一个良好的氛围，使得乡村旅游有更大的空间去发挥和施展，按照村内与村外并重的思路营造区域田园氛围。

第五，塑造个性地域文化底蕴，将塑造本土品牌作为构建的抓手，杜绝追随模仿，着力烘托本土旅游产品的独特风格。

确定发展思路，打造最能体现乡村文化内涵的"乡思、乡愁、乡风"，加入当地的本土民情，结合当地民俗，共同构建一个结合现代潮流，融合淳朴的乡村民俗的一体化休闲旅游度假区。乡村休闲与特色度假整合起来形成定位的落脚点，最终实现由传统农村蜕变成特色旅游村，在实施过程中需要三步推进。

第一，完成方案。合理制订方案并完成实施。确保包含本地区的目标和任务、责任部门、资金筹措方案、农民群众参与机制、考核验收标准和办法等内容；对照行动方案提出的目标和重点任务，以县、市、区为单位对具体目标和重点任务做出规划。实施方案作为督导评估和安排中央投资的重要依据。

第二，树立示范。开展典型示范。融合当地的实践深入开展试点示范，坚持由简入繁、点面结合，通过试点示范不断探索、不断积累经验，带动整体提升。加强规划引导，合理安排整治任务和建设时序，采用适合本地实际的工作路径和技术模式，总结并提炼出一系列符合当地实际的环境整治技术、方法，以及能复制、易推广的建设和运行管护机制。

第三，合理推进。稳步推进整治任务。根据典型示范地区整治进展情况，集中推广成熟做法、技术路线和建管模式。要适时开展检查、评估和督导，确保整治工作健康有序推进。

二、乡村环境的基础建设

（一）宏观环境硬件的基础建设

1. 道路交通建设工程

以城乡快速路、高架桥、城市道路以及高速公路、铁路等为代表的交通工程，现已经取得了重大进步，但仍需要重视落实。除此之外，进入村口的道路比较单一，建设这部分道路的时候要根据当地的路况，满足基础需求。对农村道路进行规划，规划完成后对道路进行大改造，并且适当搭配结合旅游服务中心，进行交通换乘和游客集散，使得村民出行合理快捷，方便村民出行，也便于外来旅客进入乡村体验交流。停车场采用生态停车的景观面貌，与自然环境、村庄面貌相协调。村民专用的内部道路在当前基础上加强道路两旁的绿化建设和环境治理工作，全面清理杂草堆、垃圾堆等破坏环境并且有碍于村民出行的物体，道路两旁种植一些花卉、果树，营造自然纯朴乡村环境；对于广阔的田园旅游休闲区，重点进行环境清理，保持最自然的真实风貌，选用当地石材，搭配使用竹木构建辅助游憩服务设施。

使用漫游绿道与外部连接，主要包括连接主入口的通道和村庄北部的环山道路，规划为机动车、观光车和步行绿道。这种基础设施的建设目的并非让城市人到农村买房置地，而是吸引资金、技术、人才等要素流向农村，使农民闲置住房成为发展乡村旅游、养老、文化、教育等产业的有效载体。

2. 基础设施改造工程

以改厕改水、改圈、改厨、广播电视、微信平台和公交"一卡通"，以及文化、教育、医疗卫生事业建设为主要内容的乡村建设，极大地改善了农村地区村民的生活条件，缩小了乡村与城市居民在居住和生活方面的差距，为城市居民到乡村地区工作和生活提供了便利。

（1）农村厕所改造。为了更好地改善村民居住条件，以预防疾病传染、提高宜居水平为目标，按照"统一标准、统一设计、统一生产"的要求，以建设和完善"两池一洗"（化粪池、便池、冲洗设备）为主要内容，对农村厕所实施无害化的卫生厕所改造。

（2）农村厨房改造。以建设干净整洁卫生、满足基本功能、管线安装规范、烟气排放良好的清洁厨房为目标，以"五改"（改灶、改台、改柜、改管、改水）为主要内容，对农村厨房实施改造，整体提高农村厨房卫生整洁程度。

（3）农村畜禽圈舍改造。农村畜禽圈舍改造主要是针对人畜混居现象进行治理，以屋外建设独立畜禽圈舍为主，完善储粪房、沼气池或储液池配套设施，加强粪污处理力度和资源化利用。通过改造基本实现人畜分离，减少蚊蝇及恶臭，降低人畜共患疾病的风险，提高村民生活环境宜居舒适程度。

3. 构建和谐社会宜居空间

乡村建设的核心是要构建和谐的社会邻里邻居关系，营造人与人之间的温情关系。合理布局"功能区"，加大公园、绿地、休闲娱乐、开放式住宅小区等建设力度，同时要充分发挥农民主体作用，构建便捷的"生活圈"、完善的"服务圈"和繁荣的"商业圈"。这些建设需要多领域的团队，由专业的人士做出规划，包含地产商、设计师、文化学者专家、艺术家等介入参与乡村整体建设，打造成宜住、宜游、宜修、宜学、宜乐的乡村。

4. 建设乡村休闲产业基地

根据当地的风土人情和当地地域特色进行旅游定位，可以因地制宜，修建一些主题休闲中心，比如：高科技民宿、智能原生态养老养生农庄、主题农场公园、冰雪农村等产业基地，并最终建立健全长效运营机制，引进人工湿地处理技术、氧化沟技术，建设沼气处理、微动力站处理等一批污水和粪便处理设施；着力实施节能减排、循环经济、绿色乡村、清洁水源、清洁空气、清洁土壤、森林系列创建和平原绿化等专项整治工程，推动农业与其他产业融合，大力发展乡村休闲、观光、养生、旅游，以及结合当地村民积极发展第三产业，比如农家乐、温泉度假休闲中心等度假产业，创造了极有利的条件。

5. 乡村标识系统规划设计

乡村标识是不容小觑的，特别是乡村旅游规划中，这是一个不可或缺的部分。标识系统是以标识设计为导向，与乡村本土文化、环境设计风格相结合，综合设计信息传递、识别、辨别和形象传递等功能的整体解决方案。通常分为识别系统、方向系统、空间系统、说明系统、管理系统。

识别系统：以形象识别为目标，使人们识别出不同场所以及不同的生活方式。

方向系统：通过箭头来表示方向，引导人们快速便捷地到达目的地。

空间系统：以全面的指导为原则，通过地图来表示地点间的位置关系。整体告之空间状况，一般都绘制总体平面图。

说明系统：对环境进行陈述性的解释和说明。

管理系统：规范人们言行举止和责任义务等，提醒人们有关的法律条例和行为准则。

乡村标识系统设计一般可以结合自然，以自然界中的元素为主体，每个地区都有自己的自然特征。而每个环境的特征都具有地域性特点，自然环境造就的特殊地理位置和地形地势地貌是独一无二的。

（二）微观环境软件的基础建设

1. 健康医疗工程建设

农民健康医疗工程建设是指要完善农村公共卫生服务网络，根据农村的范围面积增设公共卫生服务站，完善其周边环境，保证交通畅通无碍。但是大范围下必须设计大型的医疗机构，以改变原先农民看病难等问题。这就要求各级政府要重视乡村卫生院财政和设施投入，还需注重对农村医护人员素质的培养，并提高其待遇，以稳定农村医疗队伍。同时要加强建设大型中心医院的建设，完善其工作人员及基础设施，使其逐渐接近城乡医院的医疗水平，以此方便重症病患者及时就医。

在就医上，与更多的大型甲级医院保持较好的联系，以便重大疾病病人可以接受更加专业的医疗水平和待遇。在制度上，落实农村合作医疗保障制度，加大对农村医疗机构的投入。

2. 农村教育设施建设

少年强，则国强。因此，加强农村小学基础设施建设，改善农村教育至关重要。针对农村教学基础建设不平衡，根据现有的资源基础上，有目的、有标准地做出合理的规划，进行全面摸底调查工作，进而找到适合自身的可借鉴的模式，逐步改善学校的硬件建设、校园文化建设，满足农村孩子有良好的教学环境的需要，让更多的孩子能够回到校园接受义务教育，学到更多的知识，为农村的发展奠定源源不断的人才输出的基础。

3. 通信网络基础建设

实施数字乡村振兴战略，加快农村地区宽带网络和第四代移动通信网络覆盖步伐。一是推动信息化和工业化深度融合、工业化和城镇化良性互动、城镇化和农业现代化相互协调，促进工业化、信息化、城镇化、农业现代化同步发展。二是乡村建设与发展的外部基础设施电网改造方面，可以扭转乡村基础设施严重落后而不能适应现代化发展要求的状况，为乡村全面融入城镇化发展奠定基础。利用电商平台整合线上线下生产、流通和销售的强大功能，推动第一、第二、第三产业融合发展，形成"农业＋互联网"的新生产组织方式，推动农业专业化、规模化发展，推动三大产业融合的田园综合体和共享农庄的创新发展。

网络基础建设具有前置性，是村庄规划设计的前提；具有全域性，单个村庄甚至乡镇资源有限，要从县域、市域等全域上进行产业策划，形成分工与合作，让村庄产业具有更大的发展空间；具有地域性，基于村落文化、地域文化、区域资源的产业挖掘与产品策划；具有现代性，互联网思维与现代商业模式重塑乡村产业；具有全员性，可以激活农民的主体性，全员参与乡村产业振兴。

三、乡村振兴基础建设的保障措施

1. 加大监管力度，规范收费行为。纵观我国民生民情，农村的基础设施依然相对薄弱，在医疗和教育领域，我国城乡仍有一定的差距。所以在医疗和教育方面，政府需要做的是推动农村基础设施建设优化升级。优先发展农村教育事业，应该东西部结合，一线城市老师每年应派去西部中小学实行"互帮互助教育，教育资源共享"。推进健康乡村建设，加强农村民生保障体系建设。在农村幼有所育、学有所教、病有所治、老有所养、住有所居等方面持续取得新进展。政府和有关部门要切实加强对药品生产、流通、消费环节的监管，坚决打击以次充好、更名提价，以及进药收回扣行为，洁净药物流通渠道，以达到真正降低药价之目的。同时，应进一步规范各级医院医疗服务收费项目，降低收费价格，杜绝重复收费、变相收费。严格监管收费行为，督促医院严格执行国家药品价格和医疗服务收费标准，坚决查处违纪违规行为。加强对医务人员职业道德教育，树立全心全意为患者服务的高尚医德，构建和谐的医患关系。

2. 促进城乡融合发展。要疏通资本、智力、技术、管理下乡渠道，加快形成工农互促、城乡互补、全面融合、共同繁荣的新型工农城乡关系。深化农业供给侧结构性改革，走质量兴农之路。要顺应农业发展主要矛盾变化，深入推进农业供给侧结构性改革，加快推进农业由增产导向转向提质导向，加快实现由农业大国向农业强国转变。要推进农村一、二、三产业融合发展，让农村新产业新业态成为农民增收新亮点、城镇居民休憩新去处、农耕文明传承新载体。要以绿色发展引领生态振兴，处理好经济发展和生态环境保护的关系，守住生态红线。老房改造设计的主旋律应是以旧做旧，修旧如旧，不宜全改面貌，统筹山水林田湖草系统治理，加强农村突出环境问题综合治理，建立市场化多元化生态补偿机制，增加农业生态产品和服务供给。

传承发展提升农耕文明，走乡村文化兴盛之路。要深入挖掘、继承、创新优秀传统乡土文化，把保护传承和开发利用有机结合起来，让优秀农耕文明在新时代展现其魅力和风采。

城乡融合发展，绝不仅仅是农村的要素流向城市，城市的要素（资本、技术、管理）和资源（经济、社会、文化等资源）也要流向农村。工业化、城镇化进程中，一部分村庄的消亡不可避免，但一部分村庄仍然要长期存在，生态宜居的美丽乡村建设意味着农村不能再延续农业兼业化、农民老龄化、农村空心化的状况。改造农村，发展现代农业，不能仅靠留守老人、妇女和儿童，必须引进先进生产要素。

3. 坚持建设生态宜居的美丽乡村。党的十九大报告提出："建设生态文明是中华民族永续发展的千年大计。"乡村振兴战略用"生态宜居"替代"村容整洁"，是乡村建设理念的升华，是一种质的提升。"生态宜居"四个字蕴含了人与自然之间和谐共生的关系，是"绿水青山就是金山银山"理念在乡村建设中的具体体现。

建设生态宜居的美丽乡村当然要加大对农村基础设施和公共服务的投入，但首先要更新观念，注重乡村的可持续发展，把农耕文明的精华和现代文明的精华有机结合起来，使传统村落、自然风貌、文化保护和生态宜居诸多因素有机结合在一起。其次要有可操作性的制度创新。

4. 坚持乡村人民为主体，尊重农民意愿。乡村基础建设的规划、项目、方式都要经过村民代表大会讨论。鼓励农村能人带头进行乡村基础建设。广泛宣传农民自主建设美丽乡村的先进典型，激发全民参与乡村振兴的积极性。

5. 坚持多元投入，加大财政引导投入。每个区县（市）都要设立乡村基础建设的专项资金。以县为单位全面整合涉农项目资金，积极争取省、市项目资金建设美丽乡村。充分发挥群众主观能动性，广泛动员农民群众自愿筹资投劳。继续深入开展万企联村活动，鼓励工商企业和民间资本参与投入建设，形成多元化投入乡村基础建设的格局。

6. 强化组织领导，建立完善各地乡村基础建设保障体系。坚持以市为主指导，在市委、市政府统一领导下，由美丽乡村建设指挥部统筹推进美丽乡村建设，指挥部办公室设市农委，负责政策调研、衔接协调、督促落实、考核验收等日常工作。坚持以县为主统筹，各区县（市）党政主要负责人要亲自抓，组建专门班子具体抓，并结合实际制定推进乡村基础建设的工作意见。坚持以乡村为主推进，加快转变乡镇政府职能，明确乡村振兴作为乡镇党委政府的重要职责，确保乡镇领导班子的主要精力放在乡村振兴上。

7. 吸引产业资本的基础和条件就是产业发展所需要的各项基础设施。这些基础设施不仅限于水电气，还包括后勤保障和服务体系。比如产品运输仓储、原料采购便利性等。工业生产需要大量工人以及管理人员，所以医疗服务、教育培训等就要随之跟进。同时还要改善人居环境。人居环境应该是乡村振兴的重要基础条件，现在的乡村在垃圾处理、农作物存储、能源使用、空间布局等方面还处于相对原始的状态。改变目前这种状况就要对乡村进行科学规划、合理布局。乡村规划面积有限，多在几平方公里的范围之间，所以不可能像城市那样非常明显地划分各种功能区的边界，而是在较为有限的区域内容纳比较齐全的所需功能，这就要依据乡村的自然特点，可以一村一规划，也可以将毗邻的几个村统一进行规划。

第三节　乡村振兴的改革与发展

一、乡村振兴的改革

目前，我国"三农"发展已迈入新时代，农业农村现代化是乡村振兴战略总目标，农业农村优先发展是乡村振兴总方针。新的时代，国家和农民关系的重心必须转移到乡村振兴战略上，必须充分考虑我国乡村振兴任务的长期性、艰巨性，从而保持历史耐心，制定更加公平、激励有效、充分保障农民权益的改革政策，推动农业农村优先发展政策落地，深化新一轮农村改革，完善乡村振兴法律法规，扎扎实实地把中国"三农"领域的重大改革和制度创新全面推向前进。

（一）坚持农业农村的优先发展

坚持农业农村优先发展是我国乡村振兴战略的总方针，必须在干部配备上优先考虑，在要素配置上优先满足，在资金投入上优先保障，在公共服务上优先安排，切实把这"四个优先"要求落到实处，牢固树立农业农村优先发展的政策导向，加快补齐农村基础设施、公共服务和生态环境等领域短板，着力推动城乡要素平等交换和公共资源城乡均衡配置。

1. 在干部配备上优先考虑。村看村、户看户，群众看干部。干部是落地农业农村优先发展政策的决定因素。践行农业农村优先发展总方针，要在干部配备上优先考虑农业农村工作，把优秀干部特别是年轻干部优先安排到农业农村，优先提拔在农业农村工作中成绩突出的干部，选优配强"懂农业、爱农村、爱农民"的"三农"干部队伍，引导全社会人才投身乡村振兴，凝聚全社会支持乡村振兴的战斗力。

2. 在要素配置上优先满足。资源要素配置失衡是我国城乡发展不平衡的主要因素。必须围绕"人、钱、地"等核心要素供给，抓住关键环节，在要素配置上优先满足乡村发展需要，不断激发乡村发展的内生动力。首先要从税收政策和奖励机制上鼓励企业和各类人才参与农村发展；其次要采取操作性强的举措鼓励各类社会资本投向农村，形成多元投入格局，实现要素配置优先满足，让钱"流"进村。最后要继续深化农村土地制度改革，激活乡村沉睡的资产、盘活乡村闲置资源，让地"活"起来，有序有效释放土地红利。

3. 在资金投入上优先保障。建立财政优先保障、金融重点支持、社会积极参与的多元投入格局，全力保障乡村振兴战略资金需求。中央财政及地方各级政府财政要把"三农"作为优先保障领域，围绕"增加总量、优化结构、提高效能"优先考量"三农"公共财政的政策目标、优先设计政策体系。同时，要量力而行，科学评估财政收支状况和"三农"发展水平，合理确定投入规模及渠道模式。

4. 在公共服务上优先安排。农村教育、医疗、养老、社保等公共服务关乎群众获得感、幸福感和安全感。要优先在服务体系上建设完善的公共服务保障网，提升农村服务保障水平。要优先在资金供给上给予支持，新增教育、卫生、文化等事业经费主要用于农村，强化政府投资主体责任。要优先在体制机制上创新，让农民参与到公共服务供给决策中，采用间城化管理方式，加快推进城乡基本公共服务均等化。

（二）新一轮农村改革全面提速

要坚持市场化改革方向和渐进性改革方式，尊重农民主体地位和首创精神，处理好稳定与放活的关系，加强制度创新和制度供给，让农村资源要素"活"起来，为乡村振兴提供强大动力。

按照"产权关系明晰化、农地权能完整化、流转交易市场化、产权保护平等化和农地管理法治化"的要求，深化"三块地"改革和实践探索。

1. 强化耕地保护制度。全面落实永久基本农田特殊保护制度，大规模推进高标准农田建设。建立耕地保护奖励性补偿机制，实施省级政府耕地保护责任目标考核。建立健全耕地修复制度，扩大轮作休耕制度试点。

2. 稳定农村土地承包关系。严格保护农户承包权，任何组织和个人都不能取代农民家庭的土地承包地位，都不能非法剥夺和限制农户的土地承包权。

3. 落实承包地"三权分置"制度。充分尊重农民意愿，以"落实集体所有权、稳定农户承包权、放活土地经营权"为导向，从理论层面和实践层面加快完善承包地"三权分置"改革，厘清权利主体的权力边界和相互权力关系，明确界定各类权利的内涵及适用范围、使用办法等。完善所有权、承包权权能，依法维护农民集体对承包地发包、调整、监督、收回的权利，维护承包农户使用、流转、抵押、退出承包地等权利。平等保护经营权，依法维护经营主体从事农业生产所需的各项权利。推进完善土地经营权抵押贷款，允许经营主体以承包地的经营权依法向金融机构融资担保、入股从事农业产业化经营。

4. 推进宅基地制度改革。以"落实宅基地集体所有权、保障宅基地农户资格权、放活宅基地使用权"为农村宅基地改革的核心和重点，积极探索农村宅基地"三权分置"的具体实现形式，厘清村集体经济与农户的产权界定，细化村集体经济组织、农户等相关利益主体之间的权能。继续健全放活宅基地使用权的权益保障机制，结合乡村旅游、下乡返乡创业创新等先行先试，研究农民通过合法渠道自愿有偿多种方式处置宅基地及附属设施用地的可行方式，探索盘活利用闲置的宅基地和农房，赋予农房财产权流转、抵押等权能，增加农民财产性收入。

5. 完善农村集体经营性建设用地入市制度。加快推进集体建设用地使用权确权颁证，明确产权归属，落实入市主体。继续细化明确集体经营性建设用地入市规则及监管措施，要明确要求集体建设用地使用权人严格按照土地利用总体规划确定的用途使用土地。改革完善土地出让收入使用制度及土地增值收益分配机制，规范农村集体经济组织收益分配和管理，收益重点向集体和农民倾斜，集体收益主要用于乡村振兴和脱贫攻坚。

6. 改革农村土地征收制度。通过完善法律法规进一步明确依法征地范围，逐步缩减土地征收规模，重点保障政府的基础设施、公共事业和城镇规划范围内的成片开发建设用地需要。提高征地补偿安置标准，完善对被征地农民的社会保障制度，鼓励探索"留地安置""留物业经营"等方式。规范土地征收程序，充分保障被征地农民的知情权、参与权、申诉权、监督权，健全矛盾纠纷化解机制。

二、乡村振兴的发展

（一）实现农业强国梦

农业是乡村的本业，是国家最基础、最刚需的产业。过去是这样，将来还是这样。无论乡村怎样演变，无论时代怎样发展，无论城镇化水平怎样提升，农业始终是全社会生态供给的基础。因此，中国要强，农业必须强。

1. 建设中国特色的农业强国

（1）供给保障能力要强。发展农业的首要任务是确保国家粮食安全和主要农产品供给。近年来，我国农产品有效供给水平不断提高。但我国人口总量在增加、城镇人口比重在上升、居民消费水平不断提高，未来我国农产品需求必将呈现刚性增长态势。所以，在建设农业强国的过程中，粮食安全这根弦必须牢牢绷紧，棉油糖、果菜茶、肉蛋奶和水产品等重要农产品生产必须统筹抓好，确保农业供给保障能力不断提高，确保只要市场有需要，就能产得出、供得上。

（2）产业体系要强。这些年来，通过优化农业布局、发展农业产业化、调整农业结构，我国农业的整体素质和竞争力有了很大提升，但大而不强、多而不优、种养结合不紧、循环不畅，产加销脱节、农产品精深加工能力不强等问题依然存在。推进农业供给侧结构性改革，加快产业转型升级，发展农产品加工业、休闲农业、农业电子商务等新产业新业态，改造产业链、提升价值链，做大一产、做强二产、做活三产，构建粮经饲统筹，种养加结合，一、二、三产融合为主要特征的现代农业产业体系，提高农产品加工业与农业产业比值，提高休闲农业经营收入。

（3）农业可持续发展能力要强。实现生产过程更加绿色，建成资源节约、环境友好、生态保育型农业，农业生态环境明显改观。提高农作物测土配方施肥覆盖率和绿色防控覆盖率。

（4）农业科技实力要强。先进的技术是农业现代化的标志，也是一个国家农业实力的标志。近年来，我国农业科技成果不断涌现，科技贡献率稳步提升，当前，全球新一轮科技革命和产业变革方兴未艾，生命科学、信息科学、先进制造与智能控制等领域最新科技加速向农业渗透，这些都将对农业科技创新产生革命性影响。推进农业科技创新，在现代农业核心关键技术领域实现技术跨越。提高农业科技进步贡献率和农作物耕种收综合机械化水平。

（5）主体活力要强。推进农业现代化，关键在人。随着农村青壮年劳动力持续大量转移，务农劳动力素质结构性下降，今后"谁来种地""如何种地"的问题已经近在眼前。要解决这些问题，必须充分发挥种养大户、家庭农场、农民合作社、农业企业等新型经营主体的主力军作用，依靠新型经营主体和新型职业农民发展多种形式的适度规模经营，使适度规模经营在现代农业建设中的引领作用得到充分发挥。使规模经营成为农业生产的主导方式，各类新型经营主体成为农业经营的主导力量，农业生产集约化、专业化、组织化、社会化程度显著提升。

2. 实现农业农村现代化建设

农业现代化是指从传统农业向现代农业转化的过程和手段，在这个过程中，农业日益用现代工业、现代科学技术和现代经济管理方法武装起来，运用现代化发展理念，将农业发展与生态文明建设结合起来，使农业的发展由落后的传统农业日益转化为具备当代世界先进生产力水平的生态农业。

（1）稳定和完善农村家庭承包经营制。坚持土地公有制和严格尊重农民的土地使用承包权，不仅是社会安定和发展的根基，也是从实际出发，进行农业产业化经营制度创新的必要条件。在此基础上提倡农民土地使用权有偿流转，切实保障农民土地使用权的合法权益，根据区域实际，推进土地适度规模经营。

（2）加强和提高农民整体素质。劳动者素质的提高是实现农业现代化的决定因素。农民是农业现代化的价值主体和创造主体，随着农业现代化的进程，必然要求农民素质的提高，使之同农业现代化的要求相适应，农业现代化与农民素质是互相影响、互相促进的。在农业生产经营过程中，先进的生产工具靠人去创造，先进的科学技术靠人去摸索，先进的管理经验靠人去总结，先进的经营体制和运行机制靠人去应用。无论是增长方式的转变，还是生产绩效的提高，都是在人的主观能动作用下得以实现的。离开人，现代化是不复存在的。从这个意义上说，我们要实现的农业现代化，是以人为本的现代化。农民现代化本质上是把农民怎样从传统人变为现代人的过程，包括生产方式的现代化、生活方式的现代化和价值观念的现代化。加强农村教育体系建设，普及九年义务教育，大力发展中等教育，引导农村教育与市场化接轨；发展农村的职业教育和成人教育，把农村教育与精神文明建设结合起来，打造特色农民文化，加速开发农村的人力资源，提高农民的整体素质，强化农民的文化能力，塑造农民的现代性，以适应中国农村现代化的需要。

（3）加大农业科技推广力度，促进科研成果应用。生产技术科学化是农业现代化的动力源泉。农业生产技术科学化就把先进的科学技术广泛应用于农业，提高农产品产量、提升农产品质量、降低生产成本、保证食品安全。实现农业现代化的过程，其实就是不断将先进的农业生产技术应用于农业生产过程，不断提高科技对增产贡献率的过程。新技术、新材料、新能源的出现，将使农业现状发生巨大的变化，农业增长方式从粗放经营转变为集约经营。科技将在对传统农业的改造过程中，发挥至关重要的作用。加强科技综合试验示范基地建设，着力建立一批不同形式、不同层次依靠科技推进农业现代化建设的实验区和示范区。提高农民自觉接受和运用科技的积极性，并逐步形成科技推广的市场化、产业化经营。科技发展的调整重点有：培育优质、高产、专用品种，推动农业结构的战略性调整；提高农产品加工技术，大力提高农业后续经济效益，增加农民收入；开发生物技术和信息技术，大力推动农业高新科技产业化；发展创汇农业技术，努力提高农产品的国际竞争能力。

（4）加强农业机械化的研究与规范化。农业现代化可以概括为"四化"，即机械化、科学化、水利化和电气化，机械化排在农业现代化的首要位置，可以说农业机械化是农业现代化的基础。所谓农业机械化，是指运用先进设备代替人力的手工劳动，在产前、产中、产后各环节中大面积采用机械化作业，从而降低劳动的体力强度，提高劳动效率。为实现土地大面积机械化规模经营，不改变现有的农村家庭联产承包责任制，但要求对土地等要素进行适当地整合，可以实验并逐步推行农户土地经营权的租赁、转让、买卖和入股联合等改革措施。现阶段机械化已成为农业现代化的中心环节，本着急需、可能、合理的原则，根据不同地区的条件，有选择地、有步骤地推进农业机械化进程。

（5）推进农业产业化经营。农业产业化是农业现代化的重要内容，农业生产单位或生产地区，根据自然条件和社会经济条件的特点，以市场为导向，以农户为基础，以龙头企业或合作经济组织为依托，以经济效益为中心，以系列化服务为手段，通过实现种养加、产供销、农工商一条龙综合经营，将农业再生产过程的产前、产中、产后诸环节联结为一个完整的产业系统的过程。

农业产业化的发展过程就是农业现代化的建设过程。一方面，农业产业化促进了农业专业化和规模经营的发展；另一方面，农业专业化和规模经营又促进了农业先进技术和设备的推广应用，促进了农业现代化的进程。在农业产业化经营过程中，产生了一批"公司＋农户""龙头企业＋基地""公司＋中介组织＋农户"等多种形式的农业产业化模式。在一些地区出现了"一村一品，一乡一业"的专业化生产模式，充分体现了区域特色。在产业化模式的推广中，调查分析研究其推广的可行性很重要。农业产业化模式不是万能的，不同区域采取农业产业化模式时，需要对该模式产生的历史背景、运作机制、绩效评价等进行评价，不能盲目引进外界模式。

（6）加快农业信息化建设。农业信息化是农业现代化的重要技术手段。利用现代信息技术和信息系统为农业产供销及相关的管理和服务提供有效的信息支持，以提高农业的综合生产力和经营管理效率。在农业领域全面地发展和应用现代信息技术，使之渗透到农业生产、市场、消费以及农村社会、经济、技术等各个具体环节，加速传统农业改造，大幅度地提高农业生产效率和农业生产力水平，促进农业持续、稳定、高效发展的过程。信息化是农业产业化的催化剂，信息化具有按市场机制和市场需求决策农业、操作农业的基础性作用。只有充分利用计算机技术、地理信息系统、网络技术及数据库技术建立农业产业化信息支持系统才能有效地将市场—政府部门—龙头企业—农户联系起，满足农户、龙头企业的信息需求（生产技术信息、投入要素价格信息、产品价格信息、需求信息等），才能促进农业产业化进程的高速有序发展。农业信息产业化是发展一优两高农业的需要，是农民进入市场的需要，是推进农村社会化服务的需要，是农业信息部门转变职能、自我发展的需要，是农村经济发展的必然趋势。它是以信息化的方式改造传统农业，把农业发展推进到更高阶段，实现信息时代的农业现代化。

（7）统筹城乡区域发展，推进城镇化进程。走城镇化道路，是转移农业剩余劳动力的根本途径。城镇化建设的途径有两条，一是农民在城镇定居；二是一些有条件的乡村发展为城镇，农民就地就近转业从事工商变为城镇居民。统筹城乡区域发展，推进城镇化进程，主要是针对第二条途径来说的，即重点放在县城和部分基础条件好、发展潜力大的建制镇上，使之成为功能完善、人口聚集、能发挥农村区域性经济、文化中心的作用，在区域逐步勾勒出一个城镇化体系。这是转移农村劳动力，增加农民收入，推动农业现代化的有效途径。

（8）提高资源利用效率，实现农业可持续发展。农业可持续化发展是农业现代化的必由之路。从可持续发展的观点看，农业现代化既是人类改造自然和征服自然能力的反映，同时也是人与自然和谐发展程度的反映。农业现代化的一个显著特点就是人工生态系统的产生及普遍存在。这种系统具有双层含义：一方面要求尽可能多地生产满足人类生存、生活的必需品，确保食物安全；另一方面要坚持生态良性循环的指导思想，维持一个良好的农业生态环境，不滥用自然资源，兼顾目前利益和长远利益，合理地利用和保护自然环境，实现资源永续利用。这是落实科学发展观，建立资源节约型社会的要求，也是统筹人与自然和谐的前提。我国农业生产的资源比较短缺，在推进农业现代化进程中，需要将提高资源利用效率作为中心，这是落实科学发展观，建立资源节约型社会的一个重要方面。提高农业资源利用效率，需要利用先进的农业生产技术，优良的品种，建立适应区域特点的耕作制度，农业产业结构，同时加强科学管理，实现农业的可持续发展，加快农业现代化进程。

（二）"农业+"的蓬勃发展

农村新产业、新业态、新模式的蓬勃发展，将极大地开拓传统农业的发展空间，未来城乡之间、一、二、三产业之间的隔阂和界日日渐消除，农村资源要素的配置方式和配置效率彻底改变，给农业农村发展注入新的生机和活力，农业将与各行各业深度融合，农业的经济功能、政治功能、生态功能、文化功能、教育功能等将全面拓展，未来"农业+"将蓬勃发展。

1. "农业+"的意义

当前农业农村的新产业新业态正在由点到面扩展，虽然所涉及的区域尚不广泛，但其效果和影响非凡，"农业+"体现了未来农业农村发展的新方向。

农业+旅游业=休闲农业、观光农业、乡村旅游、餐饮农业

农业+文化产业=创意农业、田园艺术

农业+养生养老产业=康养农业、功能农业

农业+信息产业=电商农业、智慧农业、植物工厂

农业＋房地产＝田园综合体、特色小镇、美丽乡村、产业园区

农业＋工业＝加工业、设施农业

农业＋商业＝中央厨房、农商直供、直供直销

农业＋教育产业＝亲自体验、教育农园

（1）延伸扩展农业的产业链价值链。"农业＋"新产业新业态具有人才、资金、技术、生产方式、运作模式等优势，按照市场需求改造传统农业，可进一步做大做强现代农业。

一是农产品增值。新产业新业态用村庄来构建融合平台，展示各种农产品、自然资源、农村资源，原来销路不畅的山货、野果、野菜等，变成游客的喜爱之物。

二是对土地的耕作管理更精细，按照有机、绿色、环保的要求组织生产。

三是农业的技术水平更高。先进的、实用的技术和生产方式广泛应用，生产效率极大提高。这些都使农业的产业链价值链延伸扩展。未来农业与其他产业、业态、模式加速融合，既有以生态农业为底色的传统型融合，充分利用动植物生长生活互补的相关特性，形成农业内部紧密协作、循环发展的生产经营模式；也有以现代元素为载体的创新型融合，应用电子商务、物联网等现代技术手段，催生出私人定制、会展农业、农业众筹、共享农庄等全新的产业领域和产业形态；还有以产业园、科技园、创业园、"田园综合体"等为平台的复合型融合，打造集农业生产、休闲观光、文化传承、健康养生于一体、生产生活生态有机结合的乡村振兴载体。

（2）"农业＋"培育城乡相依的乡村文明。城市集聚生产要素，创造现代成果，但也伴生了交通拥堵、大气和水污染、生活节奏紧张、人们心理焦虑等"城市病"。在这种需求之下，专供优质农产品、精神文化产品的新产业新业态应势而生，乡村价值被人们重新发现，乡村文明再次获得审视。人们越来越认识到，城乡关系是相互依存、互为一体、浑然有机、血肉联系。城市文明与乡村文明相伴共生，才构成完整的现代文明。城市让生活更美好，必须要有美好的农村做依靠。推动"三农"发展，不仅仅为"三农"自身，也是为全局做贡献。大力发展乡村旅游、休闲农业等新产业新业态，加快提档升级，出发点是为城市服务，落脚点是农民受益。乡村为服务城市做出贡献，增强城市的核心功能，服务城市居民，同时利用乡村的优势加快发展步伐。

（3）"农业＋"促进生态涵养区全面小康目标实现。从历史经验看，农民增收的根本出路在于产业发展，但受到区域功能定位限制，伴随着生态涵养区传统产

业的大规模退出，生态涵养区农民增收乏力使得生态涵养区成为实现全面小康目标的短板。以人与自然和谐共生为出发点，发展"农业+"，是实现生态涵养区更好、更高水平、更可持续发展目标。2017年中央一号文件提出，培育宜居宜业特色村镇，建设一批农村产业融合发展示范园。田园综合体的产业形态就是集循环农业、创意农业、农事体验于一体的融合性产业。它既能隔离空间布局，避免城市"摊大饼"式发展，又是一个居住区、产业区。人口、产业的自然集聚，就可能形成由小村到大村、由农村社区到特色城镇的自然演变过程。近几年，许多新产业新业态发展起来的村庄、乡镇，已展现出特色村镇的雏形和新型城镇化的方向。

2. "农业+"的新特征

以"农业+"为核心的农业农村新产业、新生态能够克服传统农业面临的自然和市场风险，克服资金和人才短缺的固有不足，凸显出"农业+"的独特优势。

（1）新产业形式——融合特色。一是从产业关系看，农业是产业融合的母体，新产业仍依托粮食、蔬菜、瓜果、畜禽、花卉、树木、水草或生态等农业的本原。农商、农游、农养、农文、农教、农创、农园、农健、农科、农展、农节等融合层次显著提高，产业形态丰富多彩；二是从城乡关系看，这些根植于农业的融合性产业不与城市产业争原料和市场，二者错位发展、互为补充，奠定了融合性产业可持续发展的基础。

（2）新生产模式——以需定制。借助互联网把传统农业的产后销售变为产前预售、前置投入变为轻资产运行。如谈判沟通、订货选货、组织生产、下达指令、作业检验、质量控制、客户反馈等每个环节通过互联网进行，把农业生产每道工序变为标准化流程管理。

（3）新要素组合——开放供给侧。专业人才的进入优化了投入要素结构，新产业的智力、技术、资本密集度显著提高。一是人才多种，每个专业团队集聚包括生产、策划、设计、营销、管理、餐饮、文创、培训等各类人才；二是先进技术应有尽有。立体、无土栽培、节水、保温、防疫、信息化等新技术和生产方式的运用，促进农业产量、价值量多倍数增长。产学研结合紧密，很多农园成为市级、国家级实验基地、试验基地。每亩地、每斤农产品、每个民宿院、每场文创活动，包含的知识信息、技术水平、资金投入都比传统农业和农村产业高很多。

（4）新合作方式——多主体共生。企业、集体经济组织、农民都是重要主体，缺一不可。他们之间的利益关系不是共生可持续的。如，某民宿项目，农民投资约

30万元改造自有院落，委托远方网运营，每单收入按照业主40%、管家30%、村集体5%、企业25%即时分割，农民三年可收回投资成本。企业负责产品设计、营销、培训，业主负责投资、维修，管家负责餐饮、清洁、接待，村集体负责大环境整治、安全保障、应急处置等，多个主体合作办成一件事。

（三）安居乐业美丽家园

乡村振兴要以农村的繁荣兴旺为目标，让农村成为安居乐业美丽家园。乡村是农民聚居的家园，是都市人"记得住乡愁"的心灵归处。从江南的小桥流水到东北的雪路柴扉，从陕北的窑洞暖炕到川滇的竹楼木屋，都凝结着我们对乡村的美好记忆。新时代乡村全面振兴，要让农村成为安居乐业的美丽家园。生态环境要优，看得见蓝天，摸得着绿水，山水林田湖草保存良好；村容村貌要好，街道整洁，基础设施完备，农民生活起居现代化程度高；乡村社会要和，自治有传统，法治有保障，德治有作为，乡村走向善治；乡村风尚要美，邻里和睦，民风淳朴，文化欣欣向荣。总之，乡村全面振兴，既要有传统农耕文化的风绪余韵，也要有新时代与时俱进的崭新面貌。

1."新"农民

（1）新时代乡村全面振兴，要让农民成为令人羡慕的职业。农民收入要高，不仅工作选择多，且体面有尊严，不仅经济来源渠道广，且增长幅度大；农民的生活要好，能享受和城市一样的生活设施和社会福利，忙时乡间劳作，闲时进城逛逛，生活丰富多彩；农民的机会要多，既能扎根乡村，也能融入城市，全面发展的束缚被打破，向上流动的机会大大增加；农民的就业心情要美，一年四季不再候鸟般往返城乡，一家老小都能团圆喜乐。收入高是基础，生活好成标配，诗意栖居做追求，乡村全面振兴后，做农民将是一件幸福的事。

（2）农民的职业化发展。未来中国"农民"将完全是一个职业概念，就是指专门从事经营农场、农业的人。农民这个概念将与医生、公务员、商人等职业并列。所有这些职业的就业者都将具有同样的公民权利，只是从事的职业不同而已。农民与市民之间的身份等级界限将不复存在，务农者即为农民，一旦不再务农也就不复是农民了。乡村振兴，聚集"人气"是关键。乡村人气的聚集不能只依赖原住民的人口扩增，需要依靠产业提升、产业转变、产业聚集而形成新的人口聚集，也就是要形成新的"现代农民"体系。现代农民主要包括拥有户籍、拥有土地的"原住民"；

拥有户籍、进城后返乡的二代农民；农业产业升级带来的新型职业农民；从事创新创客的"情怀乡民"；以养生养老为目的的"回归乡民"。

第一，老农民。通过教育培训，农民的综合素质和技能水平获得提升，一批务农、有经验的"老农民"转变观念提升技能，成为家庭农场、农民专业合作社和农业企业的基础力量。传统农民是一种被动烙上的"身份"，而新型农民是一种主动选择的"职业"。他们参与规模化、集约化经营，开展标准化、专业化生产，为确保国家粮食安全和重要农产品供给提供了基础支撑。

第二，新农民：为乡村注入新的要素。新农民是具有知识、眼光、技能、追求的一群人，他们中不乏海归、城市青年下乡或乡村进城求学然后再回乡从事农业的高学历人士、有经营工业商业的成功者，也有进城务工、在外参军转业回乡的草根青年农民。

①新型职业农民。一批能创新、敢创业的新型职业农民加入农民队伍，引领了现代农业发展的方向。他们通常是专业大户、家庭农场主、农民专业合作社和农业企业的经营主体。农业领域正成为创业创新的沃土，"互联网+"现代农业等新业态催生一批跨界新农人，为现代农业发展注入了新鲜血液。在户籍制度、土地制度渐次放开，逆城市化潮流日趋明显的时代背景下，新型农民将带来乡村人口结构的重塑。

②返乡就业青年。乡村工作机会增多，吸引乡村青年返回家乡就业。旅游引导的第三、第一、第二产业融合发展的产业体系带来人口的回流，形成产业与人口的正反馈。

2. 提升农耕文明

历史悠久的农耕文明是中华文明的重要内涵，内涵丰富的乡土文化也深深地流淌在无数中国人的血液中。各具特色的宅院村落，充满乡土气息的节庆活动，丰富多彩的民间艺术，父慈子孝的祖传家训，诚信重礼的乡风民俗……这些既是人们心间挥之不去的乡愁，又共同构成着各地独有的乡村文化。找回曾经我们对这份乡土文化的认同感和自信心，并传承下去，发展提升，寻找到一条乡村文化兴盛之路。

城镇化建设的本意当然不是让乡村就此退出人们的视线，恰恰相反，美丽乡村、特色小镇等建设工程都让人们对乡村寄予更多希望，也使得乡村有了被赋予更多内涵的可能性。而这些内涵，都要建立在文化的基础之上。乡村振兴必须传承发展提升农耕文明，走乡村文化兴盛之路。

要走好文化兴盛之路，就要传承发展提升农村优秀传统文化。要深入挖掘当地历史文化发展脉络，以虔诚的态度和充分的文化自信提炼出专属的文化基因、唤醒深厚的文化记忆、保护好丰富的文化遗产，并在此基础上做好传承创新，让藏于乡间田野的传统文化切实融于人们的现代生活。政府部门更要根据村民的实际需求有的放矢地加强公共文化建设，不断为乡村输送文化新气象，以丰富人们的文化生活。

（四）构建田园综合体

田园综合体是在城乡一体化格局下，顺应农业供给侧结构性改革、生态环境可持续、新产业新业态发展，以现代企业经营管理的思路，利用农村广阔的田野，以美丽乡村和现代农业为基础，融入低碳环保、循环可持续的发展理念，保持田园乡村景色，完善公共设施和服务，实行城乡一体化的社区管理服务，拓展农业的多功能性，发展农事体验、文化、休闲、旅游、康养等产业，实现田园生产、田园生活、田园生态的有机统一和一、二、三产业的深度融合，为中国农业农村和农民探索一套可推广可复制的、稳定的生产生活方式。

1. 田园综合体的核心内容

乡村振兴战略计划，要求加快推进农业农村现代化，培育新型农业经营主体，促进农村一、二、三产业融合发展。而"田园综合体"，则是培育新型农业经营主体、深入推进农业供给侧结构性改革、加快培育农业农村发展新动能的支撑和主平台。

（1）田园综合体将成为城乡一体化的新支点和新引擎中国要强，农业必须强；中国要美，农村必须美；中国要富，农民必须富。以城带乡、以工促农、形成城乡发展一体化新格局，必须在农村地区找到新平台，田园综合体恰好可以成为实现这一目标的载体。也就是说，田园综合体将成为实现乡村现代化和新型城镇化联动发展的一种新的模式。

（2）田园综合体将成为农业供给侧结构性改革新的突破口。这些年来，我国农业供给侧结构性改革进行了多项改革尝试，取得了一定效果。在优质农产品供给方面，取得了较大突破。下一步，如何让农民充分受益，让投资者增加收益，将是"三农"领域改革面临的新挑战。田园综合体集循环农业、创意农业、农事体验于一体，有助于实现一、二、三产深度融合，实现现有的产业及农庄、农场、农业园区、农业特色小镇等的升级换代。

（3）田园综合体将成为新农村建设的新样本。我国农村面积广泛，要实现"农村美、产业兴、百姓富、生态优"的综合效益。依托田园综合体，可以探索多元化的聚居模式，既保持田园特色，又实现现代居住功能。借助聚居功能，田园综合体也将成为实现城乡基础设施和公共服务均等化的最佳空间。

（4）田园综合体将成为高端人群的集聚地。在我国现代化发展较快的地区，作为主要潮流的城市化，和非主要潮流的逆城市化是共同存在的。特别是在沿海发达城市，逆城市化的主要群体是高端人群。可以预见，在较为发达的城市，郊区化现象将进一步扩散。

2. 田园综合体的建设思路

田园综合体的建设，要深度挖掘乡村特色资源，倡导低碳、生态等科学理念，以乡村旅游资源为基础，以休闲商业为配套，以休闲地产为核心，以高品质服务为保障，进行综合开发。根据田园综合体的主体架构——农业+文旅+地产，围绕田园生产、田园生活、田园景观这三个核心，着力于"五区"的建设，即农业产业区、生活居住区、文化景观区、休闲聚集区、综合服务区。

（1）农业产业区。以农耕文化为根基，此为田园综合体精髓之所在。农业产业区主要是从事种植、养殖等农业生产活动和农产品加工制造、储藏保鲜、市场流通的区域，是确立综合体根本定位，为综合体发展和运行提供产业支撑和发展动力的核心区域。这是有别于乡村特色小镇与城市社区最显著的标志。农业生产区的意义不单单是为了提供安全、放心的生态绿色食物和获取相应的收入。农业与自然密切交织在一起。农田的维持和管理有利于气候的稳定、储存雨水、调节河川流量并防止洪涝，农业也有利于延续传统文化，并形成绿色的空间和景观。更重要的是，农业支撑着区域乡村共同体的活动，农业活动本身"嵌入"自然和乡村共同体之中，让整个乡村社会恢复到应有的状态。

（2）生活居住区。在农村原有居住区基础之上，在产业、生态、休闲和旅游等要素带动引领下，构建起以农业为基础、以休闲为支撑的综合聚集平台，形成当地农民社区化居住生活、产业工人聚集居住生活、外来休闲旅游居住生活等三类人口相对集中的居住生活区域。

（3）文化景观区。既可以是自然景观，也可以是有特色的人造景观。以农村文明为背景，以农村田园景观、现代农业设施、农业生产活动和优质特色农产品为基础，开发特色主题观光区域，以田园风光和生态宜居，增强综合体的吸引力。

（4）休闲聚集区。是为满足城乡居民各种休闲需求而设置的综合休闲产品体系，包括游览、赏景、登山、玩水等休闲活动和体验项目等，使城乡居民能够深入农村特色的生活空间，体验乡村田园活动，享受休闲体验乐趣。突出养生和养老，让暂居的人能恢复精神和体力，让常住的养老者享受乡村的田园风光，颐养天年。

（5）综合服务区。指为综合体各项功能和组织运行提供服务和保障的功能区域，包括服务农业生产领域的金融、技术、物流、电商等，也包括服务居民生活领域的医疗、教育、商业、康养、培训等内容。这些功能区域之间不是机械叠加，是功能融合和要素聚集，以功能区域衔接互动为主体，使综合体成为城乡一体化发展背景下的新型城镇化生产生活区。服务是田园综合体的生命线，生产性服务业应向专业化和价值链高端延伸，生活性服务业应向精细化和高品质转变。让游客与居民吃住放心，娱乐舒心。

田园综合体将乡村传统与农耕文化的质朴、原真面貌以寓文于乐的形式融于现代创意农业之中，丰富了传统文明的表现形式与体验形式，促进了农耕文化在当今时代的传播，彰显了以"一产"为主导的园区特色，进而促使传统农业与"产""学""研""娱"等业态的多元复合。

3. 田园综合体的发展方向

田园综合体未来长远发展必须以提高农民的参与和收益为宗旨，与农业转型、供给侧结构性改革相结合，集循环农业、创意农业、农事体验于一体，从土地、资本、劳动力、制度、创新等要素出发进行改革，使土地承担农业生产、生态和生活的功能。鼓励农民创新创业，建立农民合作社，并成为田园综合体建设的主要载体。

（1）以生态保护为主，开发利用为辅。落实绿色发展理念，保护农村的自然资源、原有村落格局、地方历史文化及民俗风情，尊重农民意愿，依托当地田园风光及资源优势，以自然村落、特色片区为开发单元，统筹开发、适度改造，逐步形成稳健的消费市场，通过主题文化包装提升休闲、娱乐、旅游价值，努力追求绿色生态可持续发展。

（2）采用全产业链、O2O营销、高附加值的农业模式。集现代农业示范基地、全过程可溯源、供应链公司、终端销售四大特色，农产品直接通过网络平台销售，畅通农产品流通渠道，提高农产品流通效率，降低流通成本，进而直接提高农民收益，同时促进传统农业向现代农业转型，建立农产品品牌，赋予农产品更多的附加值，使农业成为长期的资源。

（3）依托田园综合体创造城市人的乡村消费，探索"田园+现代"多元化聚居模式。打造现代农业基地，建立观赏型农田、瓜果园、观赏苗木、花卉展示区、湿地风光区等区域，让城市人置身蔬果芬芳、鸟语花香的自然生态环境中，满足听觉、味觉、嗅觉等多种感官的融合。田园综合体既保持田园特色，又保障基础设施建设，实现现代居住功能（如传统民居、庄园、小木屋等），且让城市和乡村人员置于同一空间，打破城乡壁垒，共同体验乡村风情，增进相互了解和交流，让城市人在参与农事活动中充分体验农业生产的乐趣，改变都市人对现代农业和自然的理解。同时也带动农业转型升级，让农民充分受益，增加农民收入。

（4）强调"农业+园区"概念，一、二、三产业互融互动。按照农田田园化、产业融合化、城乡一体化发展路径，通过一、二、三产业的互融互动，拓展现代农业原有的研发、生产、加工、销售产业链，把农耕活动、农副产品加工、农事体验、旅游休闲、文化创意、教育科普、艺术会展、电子商务、贸易金融等有机结合起来，凸显创意农业。

（5）农业基地与特色小镇相结合，体现特色。农业是小镇建设的基础和前提。目前我国很多地方正在基于经典传统产业、历史和自然资源的禀赋条件全力兴建特色小镇。可将农业基地与特色小镇建设相结合，针对不同的乡村特质及资源条件，制定不同的开发主题项目，打造田园综合体，构建各具特色的乡村美丽田园，避免同质化竞争。

田园综合体是城乡文化聚集的平台，建设田园综合体，整合产业资源，集农业科研与生产、生态休闲与观光，可与更多的人共享美丽乡村生活，打造我国具有国际水平的现代农业，提高农民收入，为农业供给侧结构性改革的深入和推进提供途径。

第三章 乡村振兴背景下乡村生态农业发展

第一节 乡村生态农业发展组织

一、家庭农场建设

家庭农场是指以家庭成员为主要劳动力,从事农业规模化、集约化、商品化生产经营,并以农业收入为家庭主要收入来源的新型农业经营主体。2013年"家庭农场"的概念首次在中共中央一号文件中出现,鼓励和支持承包土地向专业大户、家庭农场、农民合作社流转。2013年中共中央一号文件提出,坚持依法自愿有偿的原则,引导农村土地承包经营权有序流转,鼓励和支持承包土地向专业大户、家庭农场、农民合作社流转,发展多种形式的适度规模经营。因此,家庭农场将成为我国生态农业建设的主体。

二、生态农业工厂

(一)生态农业工厂的特征

工厂化农业是综合运用现代新技术、新设备和管理方法而发展起来的全面机械化、自动化的技术密集型农业,在人工控制环境条件下连续作业。例如,工厂的厂房是用塑料薄膜或有机玻璃覆盖,通过计算机控制,可以根据作物生长发育的需要调节阳光、温度、水分和空气。

生态农业工厂主要是利用成套设施或综合技术,使种养业生产在充分利用自然环境条件的基础上,实现周年性、全天候、反季节的企业化规模生产。

(二)生态农业工厂的发展

1.工厂化农业的发展要走区域化的道路。我国幅员辽阔,气候类型多样,地域条件千差万别（包括气候条件、土壤条件等），经济、技术、市场等条件又各不相同，因此，必须重视区域特点，因地制宜，考虑当地的地域条件、文化、经济发展水平，综合的科技力量和市场前景等几个方面因素，发展适合本地的先进性与实用性相结合的工厂化农业。

2. 建立工厂化农业现代管理制度和有效的运行机制。各级政府要在新农村建设中加大对工厂化农业的支持力度。全面了解国内外工厂化农业发展的历程、阶段性特征与关键条件，制定出具有前瞻性的工厂化农业发展战略和结构规划，制定出具有可操作性的产业政策，推动企业的管理体制创新。

3. 加强引进温室的管理和技术工作。工厂化农业是一个涵盖多学科的综合系统，就现代温室工程而言，包括硬件和软件两个方面。经营管理创新和关键技术创新是工厂化农业的两大战略重点。技术创新解决硬件基础问题，经营管理创新解决软件基础问题，二者不可偏废。

4. 加强标准化工作。产品标准的制定是一个产业健康发展的基础，也是对产品进行科学评价与监督的依据。其他国家的标准都无法被我国温室设计直接采用，因此，应立即开始制定适于我国农业用温室的标准，努力做到温室设计、制造的标准化，安装、验收的标准化，零配件的标准化，产品生产的标准化，这样才能节约成本，保证质量，规范市场，提高温室及其产品在市场中的竞争力，从而提高我国温室的整体质量和配套水平。

5. 注意培育发展温室相关产业。工厂化农业涵盖了建筑、材料、机械、环境、自动控制、品种、栽培、管理等领域。因此，要集中社会各方力量，大力发展与温室相关的材料、设备、种子、基质、营养液、计算机控制等的研制和开发，只有提高与工厂化农业相关的各学科水平，提高相关产业的技术水平，才谈得上工厂化农业的可持续发展，整个产业才能向更高水平发展。

6. 建立工厂化农业技术创新体系。加大科研攻关的力度，切实解决工厂化农业生产中的关键技术难题，在专用品种、栽培制度、栽培技术、加工处理及产品快速检测技术、光温水气肥的智能管理、环境控制、电子计算机应用等研究与开发方面要有新的突破，尤其要重视具有自主知识产权的温室专用品种的研究与开发工作。在工厂化高效农业的产业链中，还要重视工厂化农业相关技术的研究与开发，实现产业化。支持和鼓励温室生产企业与科研院所发展各种形式的联合，研究探索有效机制，减少中间环节，缩短成果转化周期，使已有的研究成果直接进入生产领域，使我国未来工厂化高效农业总体水平有一个较大的提高。

三、相关中介组织

我国现有的大型行业协会都不是由市场主体自发创立的，而是由市场主体管理者由上而下设立的，并依附于政府的相关部门，从某种意义上说，行业协会只是政府某些隐形权力或影响的延伸，没有起到行业协会应有的作用，应通过加强行业协会立法及完善行业内部管理规则来明确政府部门和行业协会的职能定位，逐步完善我国行业协会运转模式。

我国农村地区的合作经济性专业协会约占合作经济组织总数的85%。在发展生态农业的工作中，由于行业协会组织更了解微观情况，往往能起到桥梁和纽带的作用，平衡、兼顾不同主体的环境利益，更易为各方接受。应通过强化行业自律，维护地区或行业内部的整体利益，通过与政府加强协作，帮助政府完善行业管理。

目前，我国产业化实现的根本在于培育龙头企业，行业协会应因势利导，加大对农业龙头企业帮扶力度，推进农业产业化进程。

行业协会应大力推进农业生产标准化工作。目前，农产品生产及运输标准已经明显不能适应国际农产品贸易发展的新形势。应逐步建立与国际标准相符的农产品生产及运输标准。行业协会应积极推进ISO9000系列标准在农产品质量安全管理上的应用，借鉴发达国家农产品贸易的相关产品生产及运输标准控制体系，协助政府建立起适合我国农产品生产及运输的行业标准。

农业协会应充分研究相关行业国外的贸易制度及产业政策的变化，根据进口国产业结构调整及政策的情况提出合理意见，帮助政府及相关企业及时调整产业政策及产品结构，以规避发达国家绿色贸易壁垒。

四、地方政府机制

生态农业想要得到真正的普及与发展，就离不开政府行之有效的政策刺激机制和保障体制。虽然现在的农村经济改革取得了成功，但对于在生态农业政策的贯彻方面，还是有许多值得完善的地方。政府推动生态农业建设的基本途径如下：

（一）制定科学合理的规划

生态农业的发展离不开合理的规划，规划是龙头，发展生态农业的第一步就是科学规划，科学的规划是成功开发的前提和基础。生态农业规划要有高的起点、高的定位,生态农业规划是生态农业开发的纲领,在实施中则要根据经济承受能力、资金投入力度、组织管理水平等条件,分阶段、有重点地分步实施,既有明确的长远目标,又有现实的近期目标,努力做到少走甚至不走弯路,以求用最少的投入,获取最大的收益。

首先,生态农业规划要因地制宜,不搞小而全。国家必须制定科学的生态农业总体规划意见,因地制宜,实现区域化、规模化。生态农业一定要坚持全国一盘棋,因地制宜,发挥地方优势的战略思想,杜绝小而全、自给自足的做法。

其次,生态农业规划要与城市规划、生态规划、农业发展规划和景观规划相衔接。农业往往被人们理解为是在农村的产业,所以认为农业规划与城市规划风马牛不相及。都市可以没有农村,但不能没有农业,这是一种新的城市观。生态农业的产生和形成是伴随着城市化进程、科学技术进步、经济的发展达到一定阶段的产物,生态农业规划必须与城市规划相结合。生态农业的开发建设是一个农业开发建设项目,是一个城市绿地建设项目,是一个城市生态建设项目,是一个城市景观建设项目。生态农业的规划必须符合生态规划、农业发展规划和城市景观规划的要求,生态农业的规划必须依据城市规划、生态规划、农业发展规划和景观规划来编制。

再次,生态农业规划要充分发挥农业的"三生"作用。生态农业是将农业的生产、生活、生态等"三生"功能结合于一体的产业。要特别重视生态农业的生态功能和社会功能的规划,加强经济功能开发力度。生态农业的规划要立足于生产、生活、生态的结合,利用田园景观、自然生态等环境资源并借助于现代物质技术条件,融现代农业、乡村文化、观光休闲(旅游)以及环保教育、农事体验职能于一体,体现人与自然和谐、都市与农村和谐。

最后,生态农业规划要符合都市居民回归自然、向往绿色的需求。生态农业的规划要为城市居民创造城市绿色空间,还居民以健康,这是城市经济可持续发展的关键。绿地景观与运动休闲、生态保健有机地融为一体,不仅可以高效利用农业自然空间,而且还顺应都市人崇尚自然、关注绿色的需求。

(二)完善农业的生产条件

完善农业生产条件是生态农业发展的基础,也是前提。

1.增加基础建设投入。建设完善的农业基础设施是实现农业现代化的重要前提。因此,要加大"工业反哺农业"的力度,大力推进农业基础建设。各级政府在增加财政投资的同时,要引导社会资金投入农业基础设施建设。全面开展中低产田改造和农田基本建设，加强农业园区基础设施建设，实行山、水、田、林、路综合治理。按照"渠相通、路相连、田成方、地力高"的要求建设好基本农田。继续推进鱼塘的高标准整治，不断提高抗旱排涝和高产稳产能力，建成适应农业现代化的生产环境。

2. 建设先进农业设施。使用先进的农业设施是维持农业较高生产能力的关键条件。要重点发展适销对路的小型拖拉机、收获机械、粮食烘干机以及农田水利建设、公路用的中小型装载机。此外，还应根据实际情况建设滴灌、喷灌、温室等种植业设施，孵化房、温湿调节型栏舍等畜牧业设施，增氧机、清淤机、循环水鱼池等水产业设施设备，为提高生态农业综合生产能力创造条件。

3. 建立健全农业信息服务。政府要加大这部分农村地区的数据通信覆盖力度，力求农村使用有线电视广播与连接国家或地区公用数据交换网，以及农业企业计算机通信网络建设。为生态农业的发展奠定良好的信息基础。

（三）提供良好的外部环境

政府应为生态农业的发展提供良好的外部环境。从国外生态农业发展的成功经验来看，其成功离不开政府的大力支持。生态农业在我国属于新生事物，其发展更是需要我国政府的倡导与扶持，为其创造一个良好的外部环境。

首先是政策支持。生态农业作为一种与城市发展密切相关的现象，在政策上必须要与城市协调发展。但事实上目前我国政府只关注生态农业发展的产出效益，却很少在政策上予以倾斜。比如在发展生态农业中，必须有一部分土地要转而作为开发农业观光、休闲和体验等功能的基础性资源，但现行制度却限制了这种转移，极大地制约了生态农业向具有高需求弹性的农业休闲、观光和体验等服务性农业方向发展。因此，政府有必要加快推进各项制度改革，建立和完善一套适合生态农业发展的政策体制，为生态农业的发展提供一个良好的政策环境。

其次是金融支持。生态农业是一种集中高投入、综合高产出的产业，投资大，周期长，仅仅依靠市场的力量是不够的。这就迫使政府必须对生态农业的发展进行有力的金融支持。一方面要加大对支农资金的支持力度；另一方面政府还要积极引导社会、企业、个人对生态农业进行投资，扩大资金的来源。同时，政府也要加快对支农资金管理机制的创新，提高资金的使用效率，使资金产生良好的效益。

最后是法律支持。政府应尽快制定和完善与生态农业发展相联系的法律法规，使其在发展过程中遇到的各种问题能通过法律途径解决，为生态农业的健康发展提供一个良好的法律环境。

（四）抓好基础工程的建设

1. 生态环境综合治理、保护、培育和增值工程。生态环境综合治理、保护、培育和增值工程是生态农业建设，乃至实施可持续发展战略的基础工程。这一工程不仅关系到生态农业建设的成败，也关系到未来整个城市经济、社会的可持续发展。政府必须强化对生态环境综合治理、保护、培育和增值工程的管理和监督的力度，突出政府行为的强制作用，当前迫切需要抓好以下工作：①坚决抓好工业污染的防治，大力提倡和开展工业清洁化生产；抓好"三废"污染的源头治理，将影响农业生产与发展的外源污染控制在最低的水平，为农业持续发展创造一个良好的外部环境；②大力加强林业生态工程建设，重点抓好水源涵养林、水土保持林、生态经济林的建设与管护，积极开展林业的分类经营，实现林业生态系统与资源的定向培育和保护增值；③尽快加强水土保持，继续抓好江河与沿海的综合治理与水利工程的建设，提高抵御自然灾害的能力；④在自然资源保护的基础上，大力寻找并挖掘有开发潜力，有市场前景的特有、稀有野生动植物资源，在保护和培育的前提下，探索适度开发利用和保护性增值的可能途径。

2. 农业清洁生产工程。农业清洁生产工程是生态农业建设的核心，也是生态农业建设的难点和重点。农业生产过程的内源污染已成为农业生态环境恶化的主要原因之一，这种内源污染的势头会随着现代化农业的发展而日益扩大。及早提出农业清洁生产的要求，推行农业清洁生产工程是保证生态农业建设目标实现的关键环节。

3. 基本农田全量（数量和质量）保护工程。"土地是财富之母"，基本农田保护是"菜篮子""米袋子"和长治久安的根本保证。数量型的保护政策和措施已经造成了耕地生产力的无形流失，全量保护的问题已迫在眉睫：①在对基本农田数量控制的基础上，尽快补充基本农田质量保护的内容，将基本农田质量保护的问题放在今后工作的主要位置，两手抓、两手都要硬；②改革现有的耕作制度，扩大高茬收割、秸秆粉碎还田等适用、可行技术的覆盖面；③建立基本农田质量监测体系，将基本农田质量保护纳入基本农田保护的目标和责任之中，实现基本农田的全量保护。

第二节　乡村生态农业与效益经济

一、乡村生态种植业

（一）生态种植业的结构

我国自古就有保护自然的优良传统，并在长期的农业实践中积累了朴素而丰富的经验。生态种植业，即狭义的立体农业，将现代科学技术应用于传统的间、混、套、带复种，以形成多种作物、多层次、多时序的立体种植结构，这种群体结构能动地扩大对时间、空间、自然资源和社会经济条件的利用率，能产出更多的农产品，从而促进养殖业和农副产品加工业发展，提高农业综合生产能力。立体农业的根本在于：利用立体空间或三维空间进行多物种共存、多层次配置、多级物质能量循环利用的立体种植、立体养殖和立体种养的一种农业经营方式。

（二）生态种植业的类型

在延续传统种植业，轮作复种、套种的基础上，全国建立的复合种植生态模式包含了山地、低丘、缓坡、旱地、水田、园地、庭院及江、河、湖、海等所有可能利用的区域资源。按照地貌类型可分为平原立体农业、山坡立体农业和水域立体农业。平原立体农业又可分为田地型和庭院型；山坡型立体农业可分为丘陵岗地和山地型；水域立体农业可分为淡水型、浅海滩涂型和低湿地型等；按生物结合种类可分为植物与植物的复合种植型，植物与生物共生型等。

1. 平原立体农业模式

（1）旱地立体农业的模式及技术效果。随着生态农业试点、示范面积的不断扩大，依靠科技不断提高生态农业建设的水平和档次，立体农业有了新的发展和提高，涌现出许多粮粮、粮棉、粮油、粮菜、菜菜、林粮、林菜等相结合的模式。

第一，棉田立体农业模式。主要技术原理及经营效益：在棉花生长前期（即自播种至开花）2~3个月时间，套种一季生长期较短的茄、果及花生、玉米、大蒜等作物，加上冬季蚕豆与蔬菜间作形成复合种植，提高利用效率及综合效益。

第二，草莓—春玉米—夏玉米三熟二套的立体种植模式。该模式适应结构调整发展需要，实行三熟二套，生态效益、经济效益、社会效益显著。春玉米秸秆可用作青贮饲料，发展养殖业；动物粪便经处理还田，实现物质及资源能量多级循环利用，结构优化，粮、果、蔬、饲兼顾，高矮秆作物时空交错、立体风光。不仅提高土地资源利用率，还充分利用温、光、水等气候资源，减少浪费。

（2）稻田养殖立体模式、技术及经营绩效。高标准稻田养殖是一项综合性生态农业技术，充分利用光、热、水、土资源，以"稻—鱼—蟹"和"稻—鱼—虾"两种模式为主，通过人为科学配置"时空"差，采用人工的方法创造稻、鱼、蟹等共生的良好生态系统，在操作上采取统一规划、合理布局，达到理想的生态经济效益。

2. 庭院经济农业模式

庭院经济型立体农业是利用住宅的房前屋后、房顶阳台、院落内外的空场隙地及闲置房屋，剩余的劳力资源，尤其是辅助劳力，从事庭院种植业、养殖业和加工业等为内容的生产经营活动。庭院立体农业规模小、投资少，能充分利用空间、劳力进行集约生产，经济效益和商品率都较高，庭院生态系统可利用的物种非常多，其中，有食用菌、水果、蔬菜、花卉、畜禽、鱼类等，庭院经济型立体农业已成为繁荣城乡市场，振兴农村经济，加速农民致富，丰富城乡居民业余生活的一条重要途径。

庭院经济型立体农业，按照环境条件及种养习惯的不同可分为：以蔬菜为主的庭院型立体种植模式、以果树为主的庭院型立体农业模式、以食用菌为主的庭院型立体农业模式、以畜禽养殖为主的立体农业模式、庭院水体混养模式和庭院立体设施（沼气、生态建筑、多层种养）模式等。

庭院立体农业充分利用房前屋后、院子的空闲地，利用光、热等，通过科学设计，建立庭院立体设施（沼气、生态建筑、多层种养）模式，充分利用了各种资源。非常典型的模式有：

（1）以葡萄、果树等为主的立体种植型庭院经济。葡萄具有生长快、结果早、产量高、占地少，管理方便等特点，同样，果树也具有经济价值高、占地少等优点，很适合于庭院栽种。

（2）庭院鸡、猪、沼气、鱼农作物多级循环型。该模式采用鸡粪喂猪、猪粪进沼气池，沼液喂鱼和塘泥沼渣肥种植农作物的食物链形式，形成物质和能量的多级利用和良性循环生态农业体系，既降低成本，又减少污染，增产效益、效果十分明显。

（3）庭院花木立体种植。随着城乡居民物质生活水平的不断提高，人们对精神文化生活提出了更高、更新的要求，其中观赏和培植花木、花卉已成为一种时尚，城市、乡镇消费量日益增加，前景非常可观。利用庭院的空闲地种植各类花木，不但美化环境，提高土地利用率，且具有可观的经济、生态效益。

（4）生态住宅。生态住宅以沼气为纽带，将建筑物与种植业、养殖业、能源、环保、生态有机结合并通盘考虑，实现了创新设置。生态住宅基本结构主要由地下、底层、楼层、屋顶4部分组成。这种住房冬暖夏凉"三废"在内部自行消化，既充分利用资源，又改善了环境，实现经济效益、生态效益和社会效益的统一。

二、乡村生态牧业

我国牧区主要分布在北部、西北部及西南部地区，总面积为426.62万平方公里，占国土陆地总面积的44.4%，涉及内蒙古自治区、新疆维吾尔自治区、西藏自治区、青海、甘肃、四川、陕西等14个省（自治区）及新疆生产建设兵团的牧区及半农半牧区。随着生活水平的提高，人们对牛、羊等肉食品的需求量越来越大，刺激了牛、羊等草食动物的生产，饲草、饲料用量大大增加，若以传统的自然放牧饲养，自然草场将逐年减少，植被也随之被破坏，造成水土流失，区域生态恶化。牧区要把退耕还林（草）同发展生态畜牧业结合起来，从单纯靠天然草场放牧的方式，转变为划区轮牧、季节性休牧，走建设养畜、科学养畜的路子。要把发展农区畜牧业作为调整畜牧业区域布局、提高畜牧业比重和保护草原生态环境的关键环节来抓，有效缓解草原生态压力，逐步形成畜牧业生产的合理格局。农区和半农半牧区要全面推行种养结合，以户养为基础，以专业化养殖为骨干，发展高产、优质、高效农区畜牧业，加强社会化服务，尽快提升畜牧业的规模、质量和效益。

（一）实施退耕还林还草

退耕还林还草，就是将坡度在25度以上的陡坡耕地退出耕作，通过植树种草来恢复森林植被的一项生态建设工程。其实质是恢复森林植被，目标是促进生态环境平衡，实现社会经济的可持续发展。如有的牧区在黄土高原，丘陵沟壑区典型，地形支离破碎，水土流失严重，陡坡地面积大，必须通过退耕还林还草来恢复生态环境。

（二）农、林、牧协调发展

按照系统论原理，一个牧区的生态经济系统要实现农业经济的可持续发展，就必须统筹考虑该系统内部各方面的因素，实现农、林、牧的协调发展。在发展壮大畜牧业的同时，不能忽视种植业和林业的同步发展。退耕还林还草时，不能盲目地退耕，应该按照宜林则林、宜草则草的原则进行。应继续下大力气搞好基本农田建设，保留适宜耕作的优质耕地，并将一部分坡地改造成梯田，确保试区内农民的口粮能够基本自给。同时，要兼顾林业的发展，在重点建设生态林的同时，在适宜的地方大胆发展经济林，确保果业的稳步发展。

（三）草畜型生态农业模式

1. 主要经济指标。主要经济指标包括草地畜载量和户均养羊规模极限等。草地载畜量的大小是受多种因素制约的，随着草场条件的变化，草地生产力也将随着变化，载畜量也经常变动。牲畜养殖规模必须严格控制在载畜量的范围之内。

2. 生态牧业形式。农、林、牧复合经营形式以草畜业为核心，通过舍饲养殖，将农、林、牧有机结合起来，形成经营地域范围内生态和经济的良性循环。

农牧结合形式与农、林、牧复合经营形式相类似，都以畜牧业为核心，通过种植业与养殖业的紧密结合，来实现区域内生态和经济的良性循环。农牧结合形式适用于高原试区内耕地、牧草地较多，而宜林地相对较少的地方。

林牧结合经营形式以保持水土、改善生态为首要目标，以割草养畜作为畜牧业发展的主要技术措施，林业以经济为主，通过林业、牧业的紧密结合来实现生态和经济的良性循环。林牧结合形式适宜于水土流失严重，耕地很少，坡地较多的丘陵地区。

三、乡村生态林业

（一）生态果业的开发

随着农村农业产业结构的调整，果树面积不断扩张，经营果园的农户越来越多，果品市场竞争日趋激烈，再加上市场需求无公害高档水果，经营者不得不加大投入，这样，果园的利润空间势必缩小。要使果园效益增加，可走生态开发之路，利用果园本身的优势，增加新的财路。果园生态开发有以下模式：

1. 果禽型。利用果园饲养家禽。一般理想的家禽为土鸡，假设每亩果园可放养50只土鸡，以一个10亩（1亩≈667m^2，全书同）果园为例，可放养土鸡500只。以每只土鸡增值10元计算，10亩果园可增加收入5000元。

2. 果牧型。果园种草养畜。现在效益较好的是养牛。假设每亩果园所种的牧草可养一头肉牛，10亩果园可养10头牛，每头牛纯利润为1000元，那么，养10

头牛至少可增收1万元。

3. 果菜型。利用果园空地种植蔬菜。适合种的蔬菜有辣椒、红白萝卜、菠菜、香菜、野菜、花生、黄花菜等品种，通过出售蔬菜实现增值目的。假设每亩果园所种蔬菜上市后可卖2000元左右，10亩的果园可增值2万元。

以上3种果园生态开发模式，最佳的还是种菜，其次是养牛，养家禽则效益差一些。但不论哪种方式，都可使果园经济、生态双重获益。

4. "薛城模式"。广西壮族自治区薛城瑶族自治县是全国无公害水果生产示范基地县、全国生态农业示范县、国家级生态示范区和国家级可持续发展试验区。薛城于1983年开始了"沼气代柴，抢救森林"的大行动，当年建沼气池3000多座，效果很好。由于沼气池需要大量猪粪等原料，沼气户开始大量养猪。沼气池产生的大量沼液、沼渣又成了种果树的优质有机肥，种果树的农户就多了起来，沼气助养猪种果，养猪助沼气种果，种果助养猪搞沼气，三者互依互促、相辅相成，产生良性循环，结果带动一大片，逐渐形成了闻名广西壮族自治区内外的以沼气为纽带，促成养猪种果的三位一体发展生态农业的"薛城模式"。

（二）生态药业的开发

生态药业是在循环经济背景下提出的一个新的概念，是按生态经济原理和知识经济规律组织起来的基于生态系统能力，具有高效的生态过程和和谐的生态功能的集团型产业。生态药业在可持续发展原则的指导下，遵循生态经济学原理，应用系统工程方法，坚持中药资源开发利用和生态环境保护并举，建立一个"中药资源—中药产品—再生资源"良性生态循环模式。生态药业要求中药资源在与其生存环境条件大体同步的时间范围内保持长期的可持续利用，运用现代科学技术和先进的管理方法，实现中药经济的生态型转化，使有限的中药资源和生态环境发挥最大的经济效益。

传统中药产业过分强调人工干预，忽视了自然调节能力，生态药业的发展要求必须处理好二者关系，实现人与自然的有机结合。利用引种、栽培、多熟种植、立体种植、扩大中药的有效部位等措施提高中药资源的生物量，同时注重生态群落的相对稳定性，动物、植物和微生物相互协调发展，在净化环境、保护生态的同时，保持和提高初级生产力。

生态药业受惠于生态省的建设。不少生态大省，通过扶持地方企业、科技攻关、培育核心力量、调整和提升产业结构等形式把本省的中药产业和生态建设有机结合起来,形成了各具特色的生态中药产业结构。

(三)生态茶业的开发

从对名优茶生产基地优越生态环境的选择和保护,到为应对茶叶出口绿色壁垒而全面整治茶区生态环境,大力开发无公害茶、绿色食品茶和有机茶等安全茶叶产品,生态茶业与优质高效茶业有机结合而逐步形成的高效生态茶业已显示出强大的生命力。高效生态茶业主要类型包括以下类型:

1. 立体复合种植的高效生态茶园。这种类型是在茶园周边和茶园内合理配置与茶树具有共生互利关系,且经济价值较高的乔木或草本作物,实施两层或3层立体复合栽培,既能使光能和土壤营养得到多层利用,增加茶园单位面积产出,又能改善茶园生态环境,促进茶叶优良品质的形成,从而使现有专业茶园转化为物种多样、生态位合理、综合效益高的高效生态茶园。目前,常见的立体复合栽培方式有以调节茶园气候,防冻防旱,保持水土为主要目标的茶—防护林复合种植;有既具防护林生态效益又有经济效益的茶—果林间作;还有提高茶园土地使用率,增加地面覆盖、改良熟化土壤的茶—草本作物套种等。

2. 开发生产高附加值安全茶叶产品的高效生态茶业企业。这种类型是在综合治理茶区和茶园生态环境的基础上,按照无公害茶、绿色食品茶和有机茶的行业标准,组建茶叶生产、加工与销售一体化的高效生态茶业企业,在开发生产高附加值安全产品的过程中推进高效生态茶业建设。

3. 与相关产业链接经济结构优化的高效生态茶区。这种类型是在一些茶园分布十分密集的茶叶主产区,通过对简单的生态经济结构加环境链,开发适合当地生态条件与茶业互补性强的产业,形成农业畜牧、种养相配套的多元经济结构,使茶区自然资源和生产过程中产生的有机物质得到再次或多次利用,从而建成资源利用率高、废物排放少、经济结构合理、综合经济效益最佳的高效生态茶区。在调整茶业结构、提高茶业经济效益的同时,利用林业资源优势,开发具有特色的食用菌等产业。为防止森林资源过度消耗,充分利用有机废弃物,保护茶区生态环境,形成协调发展的产业链,经济、生态与社会三大效益均十分明显。

四、农业生态旅游

随着人们经济收入的提高和休闲时间的增多,对物质文化生活的需求向更高层次和多元化发展,人们的价值观念、消费观念和美学观念都在发生着变化。旅游已经逐渐成为大众的一种新的消费方式。人们的旅游兴趣不再仅局限于人文景观,而且对自然景观或半人工景观的旅游格外青睐。近年来，生态旅游蔚然成风，农业生态旅游（其中包括：森林生态旅游、海洋生态旅游、种植养殖业生态旅游等）也在不断兴起。

（一）生态旅游的特点

"生态旅游"这个概念出现的时间并不长，它是出于对资源与环境的追求和保护而提出的。生态旅游开始仅局限在对原始森林、纯自然景观或自然保护区等的旅游，现在逐渐扩展到半人工半自然的生态系统范围内。

农业生态旅游是以农村自然环境、农业资源、田园景观、农业生产内容和乡土文化为基础，通过整体规划布局和工艺设计，加上一系列配套服务，为人们提供观光、旅游、休养、增长知识、了解和体验乡村民俗生活，趣味郊游活动以及参与传统项目、观赏特色动植物和自娱等融为一体的一种旅游活动形式。农业生态旅游使人们在领略锦绣田园风光和清新乡土气息中更贴近自然和农村，增强保护农业生态环境、提高农产品品质的意识，还能促进城乡信息交流和农产品流通，促进农业生产发展和农村生活环境的改善。农业生态旅游是旅游业与农业的有机结合。

与其他旅游形式不同，农业生态旅游可通过直接品尝农产品（蔬菜瓜果、畜禽蛋奶、水产等）或直接参与农业生产与生活实践活动（耕地、播种、采摘、垂钓、烧烤等），从中体验农民的生产劳动和农家生活，并获得相关的农业生产知识和乐趣。因此，从这种意义上讲，农业生态旅游具有可实践性和体验性等功能。

农业旅游资源具有地域多样性和时间动态性。由于生态环境条件和文化传统的差异，不同的区域具有不同的农业生产习惯和土地利用方式；而且农业利用模式也会发生季节变化，农业生产的这种时空变化也会形成相应的农业生态——文化景观。

农业旅游资源还具有一定的可塑性。自然景观和历史古迹一般具有不可移动性和不可更改性，而农业生产在不违背客观规律的前提下，可根据一定的目的对生产要素（如农业物种和关键技术等）进行优化选择、组装配套与集成，而形成有特色的农业生态系统模式。

（二）生态旅游的类型

1. 观光型农业生态旅游。这种旅游形式以"动眼"即以看为主，具体形式包括参观一些具有特色的农业生产景观与经营模式（包括传统的农业生产方式和现代的高科技农业等)或参观乡村民居建筑,或了解当地风土人情及传统文化等。这种旅游活动所需的时间一般较短。

2. 品尝型农业生态旅游。这种旅游形式以"动口"为主,即以尝鲜为主要目的。近年来,这种形式日益受到青睐,如有的旅游点让游客到果园或瓜地采摘瓜果,尽情品尝;有的旅游点(如水库、湖泊等旅游地)为游客提供垂钓服务,并可就地加工,让游客品尝自己的劳动成果,并可起到陶冶情操、修身养性等作用;有的旅游地为游客提供烧烤野炊场所;有的为游客提供特色风味菜肴和餐饮等。

3. 休闲体验型农业生态旅游。这种旅游形式以"动手"为主,通过实践可学习到一定的农业生产知识,体验农村生活,从中获得乐趣。这种类型形式多样,如游客可参加各种各样的农耕活动学习农作物的种植技术、动物饲养技术、农产品加工技术以及农业经营管理等或学习农家的特色烹饪技术等。

4. 综合型农业生态旅游。这种旅游形式以"动眼、动耳、动口、动手、动脑"为主,以达到全身心投入之目的。旅游者通过这种形式可充分扮演农民的角色,体验"干农家活、吃农家饭、住农家屋、享农家乐"的乐趣,以获得全身心的愉悦。这种旅游需要的时间一般较长。

(三)生态旅游的经济效益

优美健康的农业生态环境和运行良好的农业生态系统是农业生态旅游的必然要求。因此,开展农业生态旅游有助于提高人们的生态环境意识,有利于农业生态环境的保护,这是符合可持续发展思想的要求,也是顺应当今发展潮流的。

同时,农业生态旅游一般将农业生产与旅游活动有机结合在一起,可获得多重经济效益。即使在不利的条件下,二者在经济效益上也可相互补充。例如,由于气候条件的不确定性(如自然灾害等)和市场的不稳定性,常会使农业减产、失收、减效,因此可通过农业旅游来降低农业的风险。另外,在旅游淡季,农业生产又可弥补收入的下降。因此,相对单纯的农业生产或单纯的旅游而言,农业生态旅游具有高效益、低风险的优势。

五、无公害农产品

(一)无公害农产品的概念

无公害农产品是指产地环境、生产过程、产品质量符合国家有关标准和规范的要求,经认证合格并允许使用无公害农产品标志的未经加工或初加工的食用农产品。无公害食品生产过程中允许限量、限品种、限时间地使用人工合成的安全的化学农药、兽药、渔药、肥料、饲料添加剂等。

无公害农产品应定位于保障基本安全，满足大众消费。生产无公害农产品要求产地环境符合相应无公害农产品产地环境的标准要求，是推荐性的；产品符合无公害农产品安全要求，是强制性的；并按照《无公害农产品生产的技术规程》管理和生产农产品。无公害农产品认证的办理机构为农业农村部农产品质量安全中心，负责组织实施无公害农产品认证工作。无公害农产品认证是政府行为，认证不收费。

根据《无公害农产品管理办法》（农业农村部、国家质检总局第十二号令），无公害农产品认证分为产地认定和产品认证，产地认定由省级农业行政主管部门组织实施，产品认证由农业农村部农产品质量安全中心组织实施，获得无公害农产品产地认定证书的产品方可申请产品认证。

（二）无公害农产品的特征

无公害农产品具有安全性、优质性、高附加值3个明显特征。

1. 安全性。无公害农产品严格参照国家标准，执行省级地方标准，具体有3个保证体系。

第一，生产全过程监控产前、产中、产后3个生产环节严格把关，发现问题及时处理、纠正，直至取消无公害食品标志。实行综合检测，保证各项指标符合标准，如粮食有20个项目22项指标，蔬菜有19个项目21项指标。

第二，实行归口专项管理根据规定，省级农业行政主管部门的农业环境监测机构，对无公害农产品基地环境质量进行监测和评价。

第三，实行抽查、复查和标志有效期制度。

2. 优质性。由于无公害农产品（食品）在初级生产阶段严格控制化肥、农药用量，禁用高毒、高残留农药，建议施用生物肥药和具有环保认证标志的农药及有机肥，严格控制农用水质，因此，所生产的食品无异味，口感好，色泽鲜艳；无毒、有害添加成分。

3. 高附加值。无公害农产品（食品）是由省级农业环境监测机构认定的标志产品，在省内具有较大影响力，一般价格较同类产品高。

六、绿色生态食品

绿色食品是遵循可持续发展原则，按照特定生产方式生产，经专门机构认定、许可使用绿色食品商标标志的无污染的安全、优质、营养类食品。依法管理绿色食品的机构是农业农村部中国绿色食品发展中心。

绿色食品特定的生产方式是指按照标准生产、加工，对产品实施全程质量控制，依法对产品实行标志管理。无污染、安全、优质、营养是绿色食品的特征。无污染是指在绿色食品生产、加工过程中，通过严密监测、控制，防范农药残留、放射性物质、重金属、有害细菌等对食品生产各个环节的污染，以确保绿色食品产品的洁净。绿色食品的优质特性不仅包括产品的外表包装水平高，而且还包括内在质量水准高。产品的内在质量又包括两个方面：一是内在品质优良；二是营养价值和卫生安全指标高。为了保证绿色食品产品无污染、安全、优质、营养的特性，开发绿色食品有一套较为完整的质量标准体系。绿色食品标准包括产地环境质量标准、生产技术标准、产品质量和卫生标准、包装标准、储藏和运输标准以及其他相关标准，它们构成了绿色食品完整的质量控制标准体系。绿色食品必须具备以下 4 个条件：

1. 绿色食品必须出自优良生态环境，即产地经监测，其土壤、大气、水质符合《绿色食品产地环境技术条件》要求。

2. 绿色食品的生产过程必须严格执行绿色食品生产技术标准，即生产过程中的投入品（农药、肥料、兽药、饲料、食品添加剂等）符合绿色食品相关生产资料使用准则规定，生产操作符合绿色食品生产技术规程要求。

3. 绿色食品产品必须经绿色食品定点监测机构检验，其感官、理化（重金属、农药残留、兽药残留等）和微生物学指标符合绿色食品产品标准。

4. 绿色食品产品包装必须符合《绿色食品包装通用准则》要求，并按相关规定在包装上使用绿色食品标志。

第三节　乡村振兴背景下生态农业发展路径

一、乡村振兴背景下生态农业发展的必要性和重要性

在乡村振兴战略背景下发展生态农业是必然趋势，大力发展生态农业是促进乡村生态振兴的重要路径，有助于形成现代生态循环农业体系，促进农民增产增收，有效地解决"三农"问题。

1. 大力发展生态农业是促进乡村生态振兴的重要路径。大力发展生态农业，提高社会公众的生态意识，使社会公众自觉对各类自然资源加以保护。同时，大力发展生态农业，对于农业生产环境的保护要求更加严格，如土壤、水质等，以及所采用的生产方式更加清洁、便利、循环等，这会促进乡村生态文明健康发展，实现乡村生态振兴目标。

2. 大力发展生态农业可形成现代生态循环农业体系。大力发展生态农业，将种植业、畜牧业、渔业等有效地结合经营，既能解决环境污染问题，改善当地农业生态环境，也能节省和优化配置各类农业资源，提高农业生产效率，形成新型多层次的现代生态良性循环农业体系。

3. 大力发展生态农业能促进农民增产增收。在乡村振兴战略背景下，大力发展生态农业，可实现农业生产经营方式精细化和科学化，提高农业生产过程科学化水平，提升农产品生产标准化水平，实现农产品质量高级化，从而为塑造品牌农业奠定基础，有效地促进农民增产和增收，解决"三农"问题。

二、乡村振兴背景下生态农业发展的模式

在乡村振兴战略背景下，大力发展生态农业成为各地农业转型发展的必然趋势。目前，我国已形成大量的成熟的生态农业发展模式，具体如下：

1. 北方"四位一体"的生态模式，此种模式基于生物学、生态学、经济学、系统工程学为基本原理，通过合理配置资源，充分开发利用太阳能，实现种植业（蔬菜）、养殖业（猪和鸡）相结合，形成能流、物流良性循环的系统。

2. 生态种植模式及配套技术，根据作物的不同生长特性，将传统农业种植方式与现代农业科学技术相结合，促进能源、资源得到充分利用，获取更高的作物产量和经济效益。

3. 生态渔业模式及配套技术，利用生物之间相互竞争、相互依存的关系，合理采用现代生物技术和生态技术，确保生物多样性。

4. 观光生态农业模式及配套技术，该模式以生态农业为基础，强化农业的自然、观光和教育等功能特征，形成具有第三产业特征的一种农业生产经营模式。

5. 南方"猪—沼—果"生态模式及技术，主要是利用山地、农田、水面和庭院等资源，将沼气池—猪舍—厕所三者结合，综合利用沼气、沼渣、沼液，实现农业资源高效利用和生态环境建设。

生态农业发展模式远不止这些，还可进一步进行优化与创新发展。

三、乡村振兴背景下生态农业发展模式的构建对策

1. 注重宣传，培育相关主体的生态农业意识。在乡村振兴战略背景下，要想推动生态农业发展，需要提升农业相关主体的生态意识。因此，需要加强对生态农业的宣传，培育农户的生态农业意识，提升农户的生态农业发展能力，激励生态农业发展相关主体进行生态农业技术研发。

2. 重视投入，实现生态农业可持续发展。发展生态农业，不仅需要相关主体具备生态意识，而且需要重视科技投入，研发更多的农业新型技术和生态技术，促进农业发展从化学农业转向生态农业，提高生态农业的经济效益和社会效益。

3. 政策支持，保障生态农业稳健发展。发展生态农业需要政府加大支持力度，增强政策支持，加大对生态农业发展主体的补贴力度，提高社会公众发展生态农业的积极性。同时，通过政策支持，增加生态农业技术研发投入，采取积极措施增加相关技术的有效供给，保障生态农业稳健发展。

4. 研发技术，突出生态技术对生态农业发展的支持作用。发展生态农业需要现代科学技术给予支撑。因此，要注重技术研发，突出生态技术对生态农业发展的支持作用，不断创新生态农业发展模式，转变现有农业生产方式，促进农业资源集约化和可持续化利用，提升农业生产力水平。

在乡村振兴战略背景下，需要大力发展生态农业。发展生态农业是一个系统工程，需要从转变发展方式的高度来转变观念、完善政策、明确标准、创新技术、全面规划和扎实推进，促进农业与其他产业相融合，促进生产与生活相结合，构建农业新型业态，拓展农业多样化功能，实现农业综合化发展，提升农业现代化发展水平，促进乡村振兴战略目标有效实现。

第四章　乡村振兴背景下乡村旅游发展

第一节　乡村旅游发展的基本理念

事物得以发展的法则是理念，发展得以实施的先导也是理念。发展的理念是否正确，决定了发展的有效性和最终成果。习近平总书记在十八届五中全会上系统地讨论了"五大发展理念"，让这五个理念能树立在人们心中，并贯彻落实下去。他强调"创新、协调、绿色、开放、共享"是影响中国总体发展的重要因素，将颠覆过往的发展局面，带来一场重大变革。同理，乡村旅游的发展也需要遵循发展理念。创新是乡村旅游发展的动力来源，协调是乡村旅游总体规划的重要秘诀，绿色是乡村旅游的精髓，开放是乡村旅游繁荣的重要途径，共享是乡村旅游价值的实现本质。

综上所述，在乡村旅游的发展中，"五大发展理念"唱响了主旋律。无论是提高吸引力，还是增强竞争力，这五大理念对于乡村旅游的发展功不可没，它们对中国乡村旅游的发展具有里程碑般的重要意义。为了乡村旅游能够可持续发展，需要从多方面着手，采取的措施也应该与"创新、协调、绿色、开放、共享"的理念深度契合。下文将从以下两方面论述乡村旅游的可持续性发展：第一，乡村意象的保护及再造；第二，多方面利益的均衡维护。

一、乡村意象：乡村旅游吸引力的本源

乡村旅游的主要游客是城市居民，那么为了乡村旅游更好地发展，必须知道城市居民喜爱乡村旅游的缘由。城市日新月异地发展，越来越紧张、高压的生活节奏，重复枯燥的生活方式，这些导致部分城市居民出现精神紧张、身心疲惫、感觉倦怠等。再加上每天的交通拥堵和环境污染，在某种程度上，它激发了城市居民想

逃离城市的念头。人们向往"采菊东篱下，悠然见南山"的心境，也想为自己的找到一处休息之所，而乡村旅游正具备这样的慰藉效果。舒适迷人的田园风光，质朴的乡土风情，这些始于最初的乡村意象深深吸引着城市居民。

乡村的传统文化浓缩在城市居民向往的意象中，具体可见于保留至今的传统景观、有代表性的地方景观、悠久的乡土建筑、日出而作日落而息的劳作方式等。在这些意象中，蕴含着极其丰富的传统文化。历史久远的乡土建筑不仅是给人们提供视觉体验，更重要的是，它折射着一个时代下人们的生活方式。每个乡村都有独属于自身的乡风民俗，这是长时期积累与传承才形成，它反映了当地居民的风土人情，体现着整个村数代人的精神凝聚力。然而，乡村形式多样的劳作方式，无论是春季播种、秋季收获还是开垦荒地、采桑种茶，都是文化的传承。而且，越古老的劳动形式，代表着越鲜明的乡村传统文化。

简言之，保护乡村意象是要尽可能地保持村庄的原始状态，以便人们可以沉浸在村庄的记忆中。保持乡村特色，坚持"创新、协调、绿色、开放、共享"的五个基本原则，要保持原始房屋、原住人民、原始生活、原始生产和原始生态。

当然，保护乡村意象，并不是要完全保留乡村景观，必须有选择地对其进行适当保留以及再改造，尤其是不符合科学的活动以及其他一些落后习惯需要禁止和严格控制。同时，对于旧房屋、悠久的建筑物和文物需要及时修复。

二、利益均衡：乡村旅游可持续发展的基石

（一）多元化利益主体与诉求

中国的乡村旅游发展应当响应时代背景，顺应社会主义市场经济的发展潮流，遵循一定的既定思路，在政府的引导下，各企业积极参与进来，使乡村旅游在市场上能良好运作，相关群众能因此受益。在此过程中，核心利益主体为地方政府、旅游公司和当地居民，常出现的利益分配问题为对于乡村旅游项目的征地如何补偿、在运营过程中的利益如何分配等。

旅游业能带动当地的发展，对于贫困地区，如果发展有特色的旅游业，能有效加大政府的扶贫工作效力。因此，地方政府大部分是积极主动地开展乡村旅游，并因其政府优势在其中有着不可缺少的作用，即有效引导和激励以及监管作用。无论是前期对当地旅游业发展潜力的宣传，还是游说投资者参与投资，地方政府能在政策引导下合理开展相关工作，协调各参与方的行动重点。然而，在确立乡村旅游

发展的目标建设中，不应该只追求财政收入，还应该具备更前端的战略眼光，应该将农民的增收情况、生态环境的优化发展都纳入其中。

当地居民是乡村旅游的接待者和参与者，他们在受到旅游业发展的积极影响的同时，也承受到旅游业发展的消极影响。他们在乡村旅游项目开展的参与过程中，增加了家庭收入，提高了生活水平。然而，作为土地的供应者，也是在这片土地世代居住的人，他们希望在获得相应经济补偿的同时，自己能在旅游项目的开发过程中有更多话语权；希望当地旅游业项目的开展，不会破坏当地的生态环境，更不会因为开展旅游项目影响居民的日常生活和降低他们的生活质量。在进行利益分配时，他们的核心利益诉求难以有根本保障，也会影响乡村旅游的可持续发展，以及之前提及的政府更长远的目标建设的完成情况。

（二）建立兼顾公平利益均衡的机制

乡村建设，应该响应国家"美丽中国"的指引，美丽与和谐应该同步发展。一个公平的利益均衡分配机制是支撑乡村旅游可持续性发展的基石，该分配机制应该涵盖利益导向、利益表达和利益调节三大方面。

1.利益导向机制。利益导向机制是利益均衡的前提，只有合理的导向机制才能促进利益的合理分配。其首要目标是将参与到乡村旅游建设的各方利益主体形成的利益观念，与当下社会主义背景下的市场经济相匹配，将公平公正的理念贯彻始终。在整个过程中，地方政府承担着更大的主体责任。第一，地方政府部门应该合理使用自己的权利，时刻保持着清醒认知，做到行为自觉；第二，地方政府部门作为项目的牵头人，也承担着宣传的职责，要让乡村旅游发展中的其他利益主体的利益诉求合理合法，以解决旅游企业过度追求经济利益而无视当地居民的利益与当地环境的保护。从上述可知，健全的利益导向机制应该是将多元的利益进行有机整合，即从个体利益的最优化转变成全局的最优化。

2.利益表达机制。利益表达机制影响着公共政策的科学实现，体现自下而上的民主。乡村居民在利益中处境不利时，更应当充分尊重其表达利益的权利，这也是改善乡村旅游项目利益表达机制的重要内容。首先，必须有一定的制度保障居民对旅游开发项目规划的知情权、话语权。例如，在正式决定某些重大决定前，可以举行公开听证会，争取大家的意见以后，再制定和执行与乡村旅游发展中的重大问题有关的政策，以确保居民的权利。乡村的居民也可以组建各种维护自己利益的合法团体组织，将分散的个人利益主张汇总为团体利益。这不仅能为居民在表达自己权益时增加分量,而且还降低表达成本,提高表达效率。在科学的利益表达机制下,居民通过多种方式合法地维护自己的利益,预防各种负面冲突的发生。

3. 利益调节机制。利益调节机制是建立利益平衡机制的重中之重,它特别强调统筹协调地对利益进行分配,以及当发生不恰当的利益分配时进行及时的调整。在确保社会公平方面以及乡村旅游建设开发的过程中,利益协调机制应约束强势的利益方,补偿弱势的利益方。它通过制定的法律制度和既定的道德规范约束逐利行为,确保旅游企业在谋取应得利益时方式合法,并引导其自觉正确遵守利益分配原则。对于乡村居民的利益补偿,在制度设计上也应该考虑周到。它不仅要考虑到在提供土地过程中应得的土地赔偿,也要考虑到在土地增值过程中利益分配比例的调整;同时,在开发过程中,对居民的日常生活造成的实际影响、消耗的当地资源以及对环境造成的破坏,也不能视而不见,应该给予居民合理的补偿。

第二节 乡村旅游发展现况与趋势分析

一、乡村旅游发展现况

在我国旅游业的相关发展中,对于自然、农业以及人文资源的开发力度在逐渐加强,同时,以上这些丰富的资源也为我国旅游活动的开展提供较好的发展条件和空间。近年来,随着我国经济的不断发展,为加快经济结构的转型升级,我国旅游业的发展方向逐渐转向乡村文化的开发,并且呈现出较好的发展状态。

（一）乡村旅游规模的提高

据相关数据显示,由于城镇周边乡村景点集中且距离较近,我国大部分居民在周末出行的最佳选择都是附近乡村,其旅游接待人数逐年增长,因此乡村旅游发展前景极其可观。随着乡村旅游规模的逐步扩大,乡村基础设施的服务水平也在不断提高,从而使得乡村旅游逐渐成为我国旅游业发展的关键部分,最终促进乡村旅游纵深化发展。

（二）乡村旅游开发模式的形成

乡村旅游业的发展具有两个较为显著的特点:一是投资力度小,二是发展收效快。前者所提到的投资,其方式多样且成本较低,譬如,简单的农庄可以改造成农家乐等旅游景点。而随着乡村旅游业规模化的发展，农庄改造之后，推动着农户收入的大幅度增长，即后者所提及的"发展收效快"。如今，我国乡村旅游已经形成以下开发模式：

1. "企业＋农庄"开发模式。在该模式的发展基础上，农户直接参与乡村旅游景点的开发，从而在一定程度上为农民收入的增长提供有力的模式保障。

2. "企业＋社区＋农庄"开发模式。此模式是在前一个模式的基础上，在旅游景点开发的过程中增加社区的环节，即企业与社区合作，社区集中组织农户进行旅游基础服务设施的建设。

3. "政府＋企业＋乡村旅游合作组织＋旅游企业"开发模式。在这种模式下，政府主要是为乡村旅游业的发展提供相关政策的支持和帮扶，从而为乡村旅游业提供良好的发展环境。乡村旅游合作组织主要负责与旅游企业接洽相关的旅游事宜，加强乡村旅游业的商业运行力度，从而构建良好的发展经营体系。同时，旅游企业主要负责旅游市场的开拓，从而为乡村旅游业带来稳定而丰富的客源。

4. 股份合作制开发模式。经过国家、企业、农户三级分工合作后，合理配置乡村旅游业的发展资源，从而使得其旅游资源得到有效利用，最终推动旅游业不断发展。

5. "农户＋农户"开发模式。该模式是在响应国家"先富带后富"等相关政策的基础上，号召乡村旅游业发展较早的地区带动后发展的地区，从而实现乡村区域共同富裕的目标。

（三）乡村旅游改善农村面貌

目前，由于城市发展速度过快，以至于城市旅游资源消耗过度，并且城市由于经济发展迅速，生活节奏较快，这与大众旅游的初衷相违背。而与城市截然相反的是乡村，乡村在拥有原生态自然景观资源的同时，其人文历史资源也极为丰富。随着乡村基础设施建设水平的不断提高，乡村逐渐向城市靠拢。但是在该过程中，乡村仍旧保留其原始神秘的特色，从而促使乡村成为新的旅游市场。

随着城乡差距的逐渐缩小，城市与乡村之间的距离逐步拉近，使得乡村成为新的文化交流对象，并且促使城乡结合发展的新型模式的产生，推动其向着可持续的方向发展。在发展乡村旅游业的过程中，国家加大对乡村旅游的扶持力度，同时优化其旅游业的发展环境，从而建立起健全的乡村旅游业发展机制，在此机制的指导下实现乡村现代化的理想目标。国家在出台相关政策的同时，加快试点工作的进行，从而发现乡村旅游业发展的客观规律，通过对其加以利用，实现各地区乡村旅游业的精准发展。乡村旅游发展试点工作也被叫作旅游扶贫工作，主要是通过发展某一地区的旅游业，带动当地经济的发展，从而提高民众的生活质量。

（四）乡村旅游增加农民的收入

近年来，乡村旅游业已经成为乡村经济发展的重要组成部分，并且越发成为其发展的核心产业。乡村旅游业在一定程度上是农村增收的手段，同时随着旅游业的发展，农村人均生产总值在不断增加，并且正在逐步实现农村经济结构的优化、转型和升级，促进农村第三产业的发展。而在兴办企业的同时，为越来越多的无地农民提供更多的工作岗位，从而实现农村经济稳定发展的扶贫目标。为发展旅游业而兴修的道路等基础设施，在一定意义上也是在对农村进行整改，从而发展农村的新面貌，实现农村可持续发展。

（五）乡村旅游拓展农业休闲的功能

乡村旅游业是在对乡村原有的旅游资源进行开发的前提下得到一定发展，从而形成一定的发展规模。由于乡村旅游主要以原生态自然资源的开发为主，则其发展的特点分别是循环性发展、可持续性以及绿色环保等。但同时，乡村旅游并非只是单纯地游览自然风光，其还对当地的人文历史等文化资源进行深加工，以便游客可以亲身体验到乡村文化的淳朴与深厚。譬如，开展民风体验活动等。随着科技的发展，乡村旅游也与之相结合，借助互联网中的相关平台，对乡村旅游进行宣传，从而达到乡村便捷化旅游的效果。同时，旅游业的发展又带动着与其相关产业的发展，如农村土特产的售卖、农副产品的深加工、文化纪念品的制作等。这也在一定程度上改变着农村经济的发展结构，从而建设特色农村，最终实现农村全面小康的目标。

二、乡村旅游发展的趋势

近年来，我国经济发展迅速，人们的生活水平也随之得到提升，由此人们对于外出旅行的诉求也日益增加，这在一定程度上带动我国旅游业的发展。而如今，国内的旅游市场主要集中在乡村，因此需要对乡村旅游业的发展进行规范化把控。以往的乡村旅游业发展，主要是村民自发改造农家乐等；而如今的发展模式主要以政府引导为主，大力发展乡村文化特色，从而加大极具地方特色的旅游资源的开发力度，最终形成规模化的乡村旅游行业。而中国现代乡村旅游业的发展并不是一蹴而就,其主要有以下发展趋势。

(一)从精英带头到多元主体的参与

农家乐作为乡村旅游业服务的基础项目,其相关的经营体制也在不断革新。一方面,政府给予高度的重视,将旅游业作为农村扶贫工作的首要任务,从而提高村民的生活质量。同时,政府将乡村旅游业纳入乡村经济发展体系之中,促使其在相关政策的支持和引导下,得到更好地发展。另一方面,早期农家乐的主要经营模式以村民一家一户为单位,各家之间为拉拢顾客进行恶性竞争,但随着政府政策的出台,农家乐的经营逐渐突破一家一户的局限,而是采取股份合作机制。在该机制不断完善的过程中,合理配置相关人力资源,促使相关工作得到有机合理的分配。综合以上两个方面的转变可以得知,这一阶段的乡村旅游业发展正在实现由精英带头发展转向政府引导下的股份合作机制,逐步优化乡村旅游业的经营管理结构。

(二)从依托既有资源到开发特色资源

我国早期的乡村旅游业是在对本地自然资源进行开发的基础上发展起来,而结合自然资源发展当地的特色旅游业是其发展的首要任务。譬如,国内最早的乡村旅游文化开发地是郫县农科村,是依托于当地的花卉种植业,最终发展成国内规模较大的园林苗木种植基地,其园林艺术也是当地旅游业发展的重要筹码。成都的农家乐主要是结合当地慢节奏的生活习惯形成一种"休闲游"的特色。但是在开发当地特色产业的时候,需要注意服务雷同化的问题,要聚焦市场,时刻关注乡村旅游发展的相关有效信息,从而打造独一无二的特色产业。

乡村旅游业市场遵循着优胜劣汰的客观法则,一些规模小、经营不善的农家乐逐渐被市场淘汰,而如今的乡村旅游业在发展时用追求"一村一特色"的经营模式。譬如,为推动"一村一品"乡村旅游业实现产业化发展,这几年来,夏石镇把乡村旅游业的发展放到村镇发展的首要位置上,不断推动乡村旅游业及农作物的相关产业向纵深化发展。由此,夏石镇结合自身村镇特色,充分发挥自然生态资源与人文资源的优势,大力推进生态旅游业和扶贫产业,并取得优异的成绩。夏石镇先后成功创建了自治区级的生态乡镇、和谐乡镇、文明乡镇,使得夏石镇从一个无名的小村屯,发展成如今拥有多家特色农家乐的远近闻名的生态旅游区,同时世界珍稀林木生态园景区也正成其旅游新热点。由此可见,只有在开发自然资源的基础上,加大自身特色产业的发展力度,才能够促进乡村旅游业长远发展。

（三）从分散经营到产业集聚

现代化产业的发展最终都会归于集中化发展，乡村旅游业的发展也不例外。像农业集体劳作生产模式一样，乡村旅游业也无法在分散经营的情况下实现纵深化发展。由此，乡村旅游业必然会经历从分散到集聚的发展阶段。

众所周知，旅游业通常有淡季和旺季之分，这是因为旅游业的发展在受到外界的影响时极容易发生变化。而农家乐发展模式所产生的变化其实是不断适应市场需求的过程。早期的农家乐多以分散经营为主，但由于缺乏系统的产业发展体系，以至于农家乐抵御市场风险的能力较弱，最终某些经营不善的农家乐被淘汰。由此可知，只有将与乡村旅游业相关的产业集聚起来，统一管理，对其建立健全的管理和经营机制，从而系统地、有计划性地发展乡村旅游业。

第三节　乡村旅游的多元化发展

一、新型城镇化与乡村旅游发展

城镇化是我国现代化建设的历史任务，也是扩大内需的最大潜力所在。自我国实施改革开放政策后，城镇现代化发展飞速崛起，但是工业化的快速发展带来了环境污染、生态恶化等一系列问题。随着网络信息化时代的到来，全球经济一体化进程不断深入，工业化已经不再是第一生产力，尤其是以浪费能源、牺牲环境为代价的重工业企业已不再适应市场发展，第三产业将作为推动城镇化发展的新力量。新型城镇具备生态宜居、城乡一体等特征。乡村旅游发展与新型城镇化有着天然的耦合关系，通过发展乡村旅游带动城镇化发展，符合国家生态文明建设的要求，它所形成的人群聚集、消费聚集、服务聚集在很大程度上正是乡村地区特色城镇化发展的表征。

（一）乡村旅游城镇化的特征

旅游业对带动乡村经济发展有显著作用，它的优势在于刺激游客消费、带动当地经济增长、提高就业率、提升相关产业产能、提高人们生活幸福感和满意度等。因此，乡村旅游城镇化是指依托旅游产业，带动本地区产业升级、集聚、融合以及转型，带动乡村经济发展，快速向城镇化推进的过程。乡村旅游城镇化和工业化时期发展不同，它具有以下特征：

第一，人本特征。工业化发展，注重能源开采；而乡村旅游城镇化最基本的是以人为本，提升乡村群众生活质量，满足他们的多元化需求，如：精神需求、心理需求、文化需求等，从多维度提高当地老百姓的幸福感。因此，乡村旅游城镇化发展一定要追求实质性成效，如：舒适宜居的生活环境、更多的就业机会、便利的公共交通服务、先进文明的社会观念等。

第二，空间特征。工业化时期，发展一味追求高楼大厦，甚至要将乡村变成水泥地；而乡村旅游城镇化在空间上，并不是追求现代元素，而是保留乡村意象。因为打造乡村旅游的目的是吸引消费者和生产要素，为本土村民就业创造条件，吸引外出务工人员返乡创业，不断建设乡村旅游的各种功能。因此在乡村建设中要利用旅游中心村的优势，将其他分散的农村居民集中在一起，聚集资源优势。这样不仅实现土地高效利用，而且能打造综合服务功能强的新乡村。

第三，产业特征。乡村旅游城镇化主要是发挥旅游业的优势，带动商业、房地产、金融业和加工业的发展。

第四，生态特征。乡村旅游主要以当地自然景观风貌为基础，推动该地区经济发展，具有低污染、低能耗等特征，具有保护生态环境的实际意义。因此，乡村旅游具有绿色经济、可持续发展等积极元素。

（二）乡村旅游城镇化发展的模式选择

乡村旅游城镇化发展模式能够反映该地区经济发展的特征，结合每种模式的特征，能对同一类型的问题提供建设性意见来帮助人们。本小节结合湖北省不同地区实施的乡村旅游城镇化发展模式，进行综合分析。

1. 十堰"紫霄模式"

紫霄村地处湖北省十堰市武当的核心位置，占地约90平方公里。作为武当山旅游的一处靓丽风景线，它与紫霄宫、金顶、南岩等景点相连。为提高紫霄村的经济，当地政府决定要借助武当山的道教文化和自然景观，将紫霄村打造为旅游村，大力发展当地旅游业，提高居民收入。因此，当地政府出台相关政策，鼓励村民开办家庭宾馆、农家乐等，从而建立起旅游商业模式。现今，当地旅游业办得有声有色，部分村民的年收入甚至超过百万元，与此同时，村集体成立的旅游业也给本村村民带来实实在在的实惠，如：当地的花轿公司和旅游酒店为村民每年发共计10万元的福利。

随着紫霄村旅游业发展,当地经济水平显著提高,公共设施不断完善,人们出行更加方便,生活质量也不断提升。当下,紫霄村道路已实现全部硬化,家家户户不仅能用上干净、安全的自来水,每个村民办理新农合医保,生活垃圾每天集中运送到山下处理;而且兴建停车场、卫生室、图书室、超市、党员群众服务中心、游客接待中心等基础设施,打造旅游服务设施一条龙。紫霄村作为旅游强村,旅游产业成为乡村发展的支柱,其产业效能远大于农业带来的经济效益,村民也从农民变为店主、向导,年收入成倍增长,这主要得益于武当山风景区的得天独厚的旅游资源优势。

2. 大冶"坳头模式"

大冶市灵乡镇坳头村是乡村旅游产业转型模式的代表。改革开放以来,坳头村凭借丰富的石膏和铁矿资源的优势,成为矿业大村。但由于野蛮式开采,导致资源浪费和环境污染,造成水土流失,坳头村面临着严重的资源枯竭危机。由此坳头村主动开始转变生产观念,依托矿业资源优势,发展旅游产业,在保护生态环境的同时,提高经济效益。

坳头村发展乡村旅游时,鼓励村民入股,采取谁投资、谁受益的方式,吸引大量的村民、村集体和外来企业,为乡村旅游建设提供强有力保障。坳头村发挥自身资源优势,打造具有当地特色的旅游产品,先后设计并建立矿井探险和矿冶景观的旅游产品,为游客提供特别的旅游体验,还能学习相关的矿冶知识。坳头村在旅游硬件设施上投入大量资金,建立四星级酒店、4A级景区,大幅提升接待游客的能力,并在2012年获得湖北旅游名村的荣誉称号。

随着坳头村旅游产业的发展,坳头村的基础设施建设和社会事业取得全面进步,城镇化水平显著提升,环境质量不断优化,村民的人均收入快速增长。因此,相对于传统的资源型产业,旅游产业更能可持续推动乡村城镇化发展,提高村民的生活质量。

3. 钟祥"彭墩模式"

钟祥市石牌镇彭墩村是产业融合模式的典型。2006年,彭墩村进行新农村建设,吸引青龙湖农业发展有限公司加入,青龙湖公司与彭墩村达成合作,青龙湖公司提供新农村建设的资金和管理,彭墩村给予人力和土地支持,形成公司+农户+

基地的新型模式，使得彭墩村的旅游建设得以快速推进。关键原因是第一产业与第三产业高度融合，仅用几年时间就让彭墩村从一个贫困村成功脱贫，并一跃成为明星村，成为中国乡村旅游的典型。

4. 黄陂"木兰模式"

产业集聚模式以武汉市黄陂区北部旅游特色乡镇群为代表。近年来，黄陂区坚持旅游兴农富民战略，充分利用北部地区乡镇资源、品牌和区位优势，推行党政主导、企业主角、农民主体、行业主管、品牌主打的"五主模式"，着力打造"木兰山水之乡""木兰杜鹃之乡""木兰泥塑之乡""木兰茶香古镇""木兰民俗古镇""木兰明清古镇"等一批特色旅游乡镇，通过"名镇效应"推动产业集聚和人口集聚，使北部地区城镇化率达到45%以上，实现了由传统农业大区向旅游强区、名区的蝶变。目前，北部地区乡镇已建成华中地区最大的生态旅游景区——木兰景区群，其中整合4家4A级景区成功打造国家5A级旅游景区1家，另有4A级景区3家、3A级景区3家；已建成休闲特色集镇6个、休闲专业村58个、休闲山庄168家、星级农家乐579家，其中五星级休闲农庄9家，位列全省第一。

黄陂区北部旅游特色乡镇群规模不断扩大，这种产业集聚型模式要牢牢抓住资源、市场、资本三要素，吸引很多企业入驻投资，使各个旅行社如雨后春笋般涌现、旅游产业不断完善、景区数量和旅游玩法不断增加，从而吸引越来越多的游客聚集，极大地推动旅游城镇化的发展。

二、产业融合与乡村旅游发展

产业融合是当前时期世界经济发展的必然趋势，也是产业创新与可持续发展的重要途径。作为一种新的产业发展模式和产业组织形式，产业融合在全球范围内愈演愈烈，逐渐渗透到经济发展的各个层面、各个领域。2015年12月30日，《国务院办公厅关于推进农村一二三产业融合发展的指导意见》（国办发 [2015]93 号），要求大力推进农村一、二、三产业的融合发展，拓宽农民增收渠道，构建现代农业产业体系，加快转变农业发展方式，到2020年，要达到农村产业融合发展总体水平明显提升、农业竞争力明显提高，农民收入持续增加、农村活力显著增强的总体目标，基本形成产业链条完整、功能多样、业态丰富、利益联结紧密、产城融合更加协调的新格局。国家的政策指引也预示着我国农村经济体系中最具活力的乡村旅游正面临产业融合升级的新机遇。

（一）乡村旅游产业融合的认知

产业融合的思想起源于 1963 年美国学者罗森伯格（Rosenberg）对 1840—1910 年之间机械设备业演化的研究。他在研究中首次提出了技术融合的概念，认为当某些产品功能和性质完全无关的产业采用通用技术后，原先分立的产业的联系将更加紧密。1978 年，美国麻省理工学院媒体实验室创始人尼古路庞特（Negreouponte）通过对数字技术发展的观察，用 3 个重叠的圆圈形象地描述了电子计算机、印刷和广播业三者间的技术融合，并指出这 3 个产业的交叉处将是成长最快、创新最多的领域。这一论断体现出产业融合交叉渗透的核心思想，引起了学术界的广泛关注和讨论，许多学者从各自专业的角度出发展开对产业融合问题的研究，取得了丰富的成果。

早期的产业融合研究都是从技术角度进行的，从经济学角度研究产业融合相对较晚，产业融合的概念是其中的重点研究领域之一。主要有以下不同观点：

（1）产业融合作为一种经济现象，是指为了适应产业增长而发生的产业边界的收缩或消失，它可分为替代性融合和互补性融合。

（2）两个或两个以上各自独立的产业，当它们的企业成为直接竞争对手时就发生了融合，包括功能融合和机构融合。产业融合是通过技术革新和放宽限制来降低行业间的壁垒，加强行业、企业之间的竞争合作关系。

（3）产业融合是指不同产业或同一产业内的不同产品相互渗透、相互交叉，最终融为一体，逐步形成新产业的动态发展过程。这些产业融合的概念表述虽各有侧重，但都揭示出产业融合现象的经济属性。产业融合不仅对产业发展产生了广泛影响，甚至正在重塑产业的结构形态。

在旅游业领域，随着多元复合市场需求的增加，资本市场的大规模介入和信息技术的有力渗透，无论是产业内部旅游企业本身的变革与重组，还是产业外部资本对旅游各行业的广泛涉入，都预示着一种现代意义上的产业融合时代已然到来。

旅游业的跨界融合表现在相互渗透和交叉，从而使得融合后的产业兼具旅游业的特征，与原有的旅游业形成了既替代又互补的关系，它包括旅游业与其他服务业的融合（如教育旅游、体育旅游、医疗旅游、奖励旅游、会展旅游、修学旅游、房地产旅游、公务旅游、节事旅游、文化创意旅游）和旅游业与第一、第二产业的融合（如工业旅游、观光工业旅游）。

从系统论的角度分析旅游产业融合，旅游产业融合是在开放的旅游产业系统中，构成产业系统的各要素的变革在扩散中引起不同产业要素之间相互竞争、协作与共同演进而形成一个新兴产业的过程，它包括了技术融合、企业融合、产品融合、市场融合、制度融合等。

顾名思义，乡村旅游产业融合就是乡村旅游发展过程中出现的产业融合现象，或者说是发生在乡村地域的旅游产业融合现象。乡村旅游产业融合可分为内部融合与外向融合。乡村旅游产业内部融合是指乡村旅游业内部六大要素（食、住、行、游、购、娱）相互联系、相互渗透而形成的融合。

乡村旅游产业结构的优化升级是乡村旅游产业内融合的重要推动力。而要深度把握乡村旅游产业外向融合的内涵，仍需从全价值链的角度入手。在乡村旅游业与其他关联性产业的融合过程中，首先对各自产业价值链上的价值关联要素进行分解，识别出各种价值要素在突破原有产业边界时具有的动力效用；其次通过自组织形式的交互嵌入与跨界组合形成基于上述价值关联要素的若干新的价值链模块；最后对这些新的价值链模块进行充分整合，重构涵盖各大产业核心价值活动的全价值链。乡村旅游产业融合过程完成后，将催生出更多的乡村旅游新产品与新服务，拓展出更大的乡村旅游市场空间，创造出更强的乡村旅游竞争力。

（二）乡村旅游产业融合的发展模式

所谓融合发展模式，是指乡村旅游产业融合的路径选择。乡村旅游产业内部融合主要是对旅游的六大要素（食、住、行、游、购、娱）进行整合重组，拉长增粗乡村旅游产业链，属于价值延展型融合模式；乡村旅游产业外向融合过程中，乡村旅游业与相融产业的价值关联要素由于对接形式和特点不同，形成了以下四种融合模式：

1. 价值依附型融合发展模式

价值依附型融合发展模式是一种单向的功能载附，既包括在乡村旅游业中融入相融产业元素，也包括在相融产业中融入乡村旅游功能，形成突出的格局。该模式属于浅表性融合，虽然在很大程度上丰富了乡村旅游业或关联产业的内涵，但并没有改变原有的产业形态而形成新业态。例如乡村旅游业与会展业或体育产业的融合发展，在传统乡村旅游景区策划举办各种节会或竞赛活动，可以视为会展元素和体育元素在乡村旅游发展中的一种功能植入，它能使乡村旅游产品形式更加多样，更具观赏性和参与性。当这些乡村旅游景区贴上"会展"或"体育"的标签时，即被赋予了独特的市场竞争优势。又如乡村工业与乡村旅游业的融合发展，它以乡村工业企业作为旅游价值依附载体。越来越多的乡村工业企业开放其产品生产线供游客参观游览，满足人们求知、求新、求奇等旅游需求，这种做法一方面作为营销创新手段能够给企业带来增值；另一方面作为公众教育手段能够体现企业的社会责任。在这种情况下，旅游功能的融入成为一种自然而然、水到渠成的事情。

2. 价值延展型融合发展模式

价值延展型融合发展模式是一种产业内部的要素延伸，该模式的特点是整合了产业链、地理空间和战略理念3个方面的内容，通过"实质性的链条延伸"和"虚拟的链条扩张"的结合，降低公共服务体系不完善、资源类型有限等乡村旅游发展中诸多不利因素的影响，提升乡村旅游竞争力和协同发展能力向实质性的链条延伸，就是围绕乡村旅游发展中的"食、住、行、游、购、娱"六大要素就地延伸产业链条，如对于旅游要素中的"食"，完善从"种植—采摘—加工—餐饮—废物利用—种植"的完整产业链条，增加游客在不同阶段的参与度，实现整个产业链条的延伸以及产品和服务的增值，同时也可建立起相应的责任追溯制度。

虚拟的产业链条扩张，则是围绕乡村旅游发展六要素异地合作延伸产业链条，如毗邻的乡村旅游点，有的是旧街老巷古香古色，有的是风情民宿魅力十足，有的是餐饮服务独具特色，有的是特色瓜果远近闻名，那么它们可以联合起来构建乡村旅游集聚区，形成完善的乡村旅游接待体系。虚拟的产业链条扩张也可通过与周边非乡村旅游要素合作打造全产业链。不同的乡村旅游地之间，或乡村旅游地与非乡村旅游景区，通过加强合作，共同延伸产业链条，实现协同发展，共享发展成果。

3. 价值联接型融合发展模式

价值联接型融合发展模式是一种双向的要素渗透，在乡村旅游业与相融产业的边界重合地带，形成以专门旅游吸引物为依托、以专项旅游市场为对象、核心价值活动显著的产业融合新业态。例如乡村旅游业与文化创意产业的融合发展，形成了对特殊人群具有定向吸引力的乡村文创旅游吸引物。乡村文创旅游吸引物是指那些文化创意主题突出，能够激发旅游者的旅游动机、促动其实现旅游活动并由此产生综合效益的事物。乡村旅游创客基地是最为典型的乡村文创旅游吸引物。

乡村民宿是一种特殊的乡村文创旅游吸引物，它能带给人们一种特有的情怀性体验，在乡村旅游发展过程中常常超出其作为非标准化乡村旅游住宿产品的定位。依托这些吸引物发展起来的乡村文创旅游产业，具有乡村旅游业与文化创意产业的双重特性，其产品特色鲜明、市场定位清晰，也符合当前乡村振兴的价值诉求。

4. 价值集成型融合发展模式

价值集成型融合发展模式是一种多向的产业交叉，它是乡村旅游业与多种相融产业基于资源、产品、市场、技术、信息等平台的专业化分工协作系统。这种多元价值关联要素的复杂性融合能够有效叠加各个相融产业的多重功能，有利于优势互补和促进创新。乡村旅游业的开放性为其与一、二、三产业的多元融合提供了无限可能。例如多地乡村推出的农业生态地景艺术节，就是乡村旅游业、节庆产业与农业有机融合的产物；乡村园林博览园则是乡村旅游业谋求与园林业、展览业融合发展的产物。这些创新旅游产品通过丰富多彩的活动组织，吸引大量游客慕名前往，培育出广阔的市场空间。

（三）乡村旅游与其他产业的融合发展

1. 乡村旅游与农业科技

农业新产品、新品种、新工艺对游客极具吸引力，既能提供好吃的，带来新的味觉感受，也能提供好看的、好玩的抓住游客的眼球，给他们带来与众不同的人生体验和全新的多元感受。农业科技示范园是借助乡村旅游场所，将科技师范、文娱活动、休闲娱乐、休闲教育等集于一体。它不仅能满足游客基本的旅游需求，还能帮助其增长见识、扩宽眼界、提升兴趣。

展示农业新产品。科学技术的进步很大程度上改变人们的日常生活，农业科技也让农业产品愈发具有多样性。很多异于传统农业产品的新型工产品不仅形式多样，而且色彩多元。比如水果蔬菜、药材蔬菜、野生蔬菜等，还有迷你果、超大瓜、创意葫芦等都让游客有了很大的兴致，此外，跑山鸡、藏香猪、乌嘴鸭等让游客切实感受到农业科技带来的巨大变化。

展示农业新品种。可以将生物的多样性与人工培育等新兴种植技术相结合，充分发掘品种的多样性，进而让游客感受乡村旅游文化别样的精彩，近距离接触和感受各个乡村旅游景点之间的相异之处。譬如，可以将多个番茄品种种植在一块。比如，辣椒也有多个品种，无论是颜色还是果型都各不相同，可以将其仅巧妙地进行排列组合，制造出绚烂多彩的辣椒世界。花卉的颜色和品种也是十分丰富，可以采取一花一园的模式让游客尽情欣赏，沉浸在多彩的花世界中。

展示农业生产新工艺。基于科技的发展进步，许多现代园艺栽培有了新方式，例如无土栽培、高架立体等。这些新工艺完全可以为游客带来全新的体验。传统的摘草莓是游客在地上采摘,而高架无土栽培的草莓只需游客站着不再需要蹲在地上,在空中即可摘到草莓,拍照也变得容易许多,既省力又省心,全面提升游客的采摘体验。

2. 乡村旅游与信息技术

在现代信息技术已经相当成熟的今天,移动互联网科技、大数据等无一不改变着人们的生活,这些科技手段自然也能为乡村旅游的发展提供新的思路。可以借助移动互联网,通过开通微博、注册微信、网络社区等这些自媒体方式,让乡村旅游咨询更及时、更有效,全方位、多渠道地为游客提供导游、导购、导览、导航等个性化的旅游服务。

乡村旅游产业和信息技术产业两者的融合不能只局限于简单的信息推送和营销推广,更多地要在创新服务、产品和市场上下工夫。比如利用可穿戴设备加工虚拟与现实相结合,可以带给游客全新的体验;还可以将动漫文化、游戏等产品与旅游相融合,主要通过将旅游相关信息浅层植入游戏或是动漫之中,让游客在玩游戏的过程中也能感受到乡村旅游地的传统文化和乡村历史,对乡村旅游有更多、更实际、更具体的概念和了解,通过加深印象来增加游客旅游黏性。除此之外,在大数据时代下,一切皆可分析。可以利用大数据技术,准确分析消费者的消费特征、旅游习惯、地域分布等一系列信息,从而进行精准营销;还可以对移动端的游客数据进行多维度分析,如客源分析和流量的分析预测,既能帮助有关部门建立有效的监控机制,也能让市场预期更加精准。

3. 乡村旅游与乡土文化

乡村旅游的本质是"乡村性",要从旅游元素着手,深度分析、挖掘、融合乡土文化、休闲文化、创意文化等,将生态、环保、绿色、开放、共享等理念贯穿其中,以文化、生态和生活方面的不同点为着力点,进行满足市场需求、游客需要的产业融合。

与乡土文化有机融合。加深对村落文化的发掘,要注重保护传统村落,同时进行合理规划和适当改造,打造以田园风光为特色的传统乡村文化旅游。深入挖掘农业生产、经营和管理等活动中的乡土文化内涵,结合旅游观光、休闲体验等形成新型旅游业态。可以通过举办具有乡土特色文化的旅游节或美食节,让乡村旅游极具乡土文化特色。

与休闲文化融合。要打造多元化、多层次的乡村休闲文化旅游,如知识型、休闲型、养生型等,以实现引人、动人、宜人、养人的目标。譬如,文化保护与慢生活互相融合的"生态之旅"等。

与文化创意产业融合。大力培育和打造如乡村演出、乡村戏剧、乡村影视等一系列乡村文化旅游创意项目。将文化创意融入乡村旅游产品中,通过这种文化创意项目进行营销推广,从而引导游客进行文化创意消费。

4. 乡村旅游与特色专业村建设

乡村旅游的发展在带动美丽乡村建设的同时,还能提升新型城镇化建设,而这又是乡村旅游发展的充分条件。只有通过其积累一定的后备人才、专业技术和资金,才能更快地发展乡村旅游。故而,要重点推进乡村旅游为主导的特色专业村的建设,如乡村科技旅游社区、乡村景观旅游社区、风景名胜旅游配套服务社区、农家乐服务群旅游社区,从而将乡村旅游和特色专业村很好地融合在一起,使两者互惠互利、共同发展。

乡村旅游特色村的建设一定要有针对性,有的放矢地选择科学合理的发展模式,同时要注重产业集聚效应和差异化布局,让多样化的特色村能各有所长地发挥各自在乡村旅游中的作用。首先,要保护传统城镇样貌,发挥好城镇特色和传统的乡土文化氛围在其发展中的作用,让游客"回得了家乡,记得住乡愁",重在与众不同,重视游客体验;其次,注重社区在整个过程中的引导作用,采取多模式共建的方式,让特色村的建设之路可以省心又省力;再次,合理有效地进行资源整合,打造出特色品牌,通过大力宣传发挥品牌效应,吸引游客前来旅游;最后,在土地利用中要注意适当集约,以保护为主,着力构建智慧化平台,打造资源型、服务型特色小镇,加快新型城镇化发展。

5. 乡村旅游与新型职业农民培育

在现代新型城镇化和乡村旅游的发展目标下,乡村旅游和新兴职业农民培育之间息息相关、密不可分。其一,乡村旅游能够催生许多的就业岗位,与此同时,无论是旅游市场的开发还是文化创意产品的营销推广都一定程度上改变农民的市场理念;其二,农民在知识水平和文化素养上的提升,都促进农业技术水平和乡村旅游中管理能力的提高,有助于乡村旅游产业的健康、有序发展。因此,加快二者的融合发展,能加快培育"有知识、会技术、懂经营"的新型职业农民,同时也能帮助乡村旅游尽快找到最合适的发展道路。

想要推动乡村旅游和新型职业农民培育互相融合,需要做好以下几方面工作:第一,从制度层面进行合理规划和科学布局,建立健全职业农民培育和乡村旅游融合发展机制;第二,将乡村旅游归入职业农民培育体系,全面提升其在乡村旅游发展中的服务理念、创新能力、营销推广策略等;第三,保障职业农民的主体地位,通过协调调整使其在乡村旅游发展中具有话语权、决策权,进一步提升职业农民的参与度;第四,全力打造当地特色乡村旅游合作社,多方面扩大发展规模,提升品牌知名度,激发品牌效应所带来的巨大发展动力;第五,以职业农民为中心,形成乡村旅游多样化发展模式。

(四)乡村旅游产业融合的发展路径

乡村旅游产业融合是政策、功能、资源、产品、市场、品牌、文化、情感、资金、信息等多重价值要素共同动力作用的结果,体现出融合的必要性、迫切性和可能性。要将乡村旅游产业融合引向深入并实现可持续发展,还需围绕这些价值关联要素,坚持多管齐下的发展路径。

1. 推动政策落实,放松政府规制

近几年,国家持续出台有利于旅游业良好发展的政策性文件,这对于乡村旅游产业的融合发展是一场及时雨。在这种情况下,一定要有效地进行政策宣传,加快政策落实,确保监管机制完善,保证各级政策在国家政策的指引下,因地制宜,因地施策。根据具体情况出台相应政策实施细则,让政策落到实处,让乡村旅游相关主体主动发挥能动性。围绕旅游产业要素和相关产业的横向融合,创新"农业围绕旅游提升、森林联合旅游保育、水利依托旅游做活、工业支撑旅游做强、城镇结合旅游做靓、信息改变旅游方式、文化联姻旅游做大、商贸融合旅游延伸、医养凸显旅游特色、体育融入旅游做旺、金融服务旅游增收"的产业融合模式,带动乡村旅游全面发展,增加农民旅游从业者的收入。

此外,在产业融合拓展化过程中,传统管制框架及政策仍然是其主要障碍之一。目前,在我国各行各业中,地方政府往往存在主导冲动,行政垄断广泛存在,这将在很大程度上阻碍资金、人才、技术等生产要素在产业间的自由流动,显然也不利于乡村旅游产业融合的发展。产业政策的落实和政府规制的放开,是乡村旅游产业

融合发展的必然要求。

2. 盘活资源存量，加强金融支持

乡村旅游资源数量大、种类多、分布广，能否将乡村旅游产业融合效用发挥最大化，取决于能否盘活这些资源存量。在这个过程中，资金占据着重要地位。想要实现资金高效利用和有效支持，需要探索新型的资源运转模式。比如，在2013年本经产权交易所启动的全国第一家旅游资源交易平台，便是为地方政府、旅游企业和关注旅游的投资融资机构三方建立的服务平台。可以通过该平台进行旅游项目招商、旅游企业融资、旅游产品交易、股权交易、实物资产交易等，合法有序地促进三方合作，以共同推动乡村旅游的融合发展。

同时，同样定位于综合旅游资源B2B交易的上海旅游资源交易中心和湖北旅游资源交易平台相继成立。这些旅游资源交易平台的出现，意味着旅游资源逐步市场化，同时也是旅游产业金融创新的一次探索。其目的是解决原本旅游资源交易市场中的一些困境，诸如市场参与度低，旅游资源相关信息发布不及时、不全面，资源议价能力不高等，因而，这种平台为全国旅游资源交易提供很好的思路。尤其对于那些优良乡村旅游资源而言，旅游资源交易平台为其打开了一扇拥抱资本市场的大门，也为其架设了一座对接其他产业资源的桥梁。加大资源开发力度，拓宽资金来源渠道，是乡村旅游产业融合发展的重要保障。

3. 培育核心企业，促进产品开发

乡村旅游产业融合发展的根本在于如何让相关企业积极参与进来，将旅游资源带入市场当中。因此，有必要着力培养跨产业经营的核心企业。核心企业代表着在产业行业中的核心竞争力，要培育出具有较强竞争力的产业融合性的企业，本土培育是一个不错的选择。如湖北大冶的龙凤集团，由本土农民企业家领衔；也可以考虑外部引进，如安徽宏村的中坤集团，是经验丰富的度假地产专业机构。

4. 提高品牌价值，拓展市场空间

品牌是价值的象征，是综合实力和市场竞争力的价值体现。提升乡村旅游企业和产品的品牌价值，与上述培育核心企业、促进产品开发相同重要，对乡村旅游产业的融合发展具有十分重要的意义。

乡村旅游企业品牌的塑造需要文化的加持和情感的注入。在建立企业文化时要强调"以人为本"的人性化理念，也要具有"先富带后富"的社会责任感。另外，企业参与公益、传播公益的行为将有效宣传企业形象，加深大众印象，要将企业品牌深刻植于大众观念中。

乡村旅游产品价值的塑造要从五个方面着手，即认知度、知名度、美誉度、满意度、忠诚度。第一，通过利用广告等多种宣传手段传播产品的功能、特性，让大众周知，获得初印象；第二，制造或传递提倡一种价值观念，为产品赋予个性化的核心卖点（Unique Selling Proposition，USP），增加竞争力，扩大品牌的市场影响力；第三，仔细分析品牌具体诉求，找出利益出发点和归属点，形成品牌价值链条，识别市场需求，通过研究分析明确顾客的价值追求和价值取向，为顾客"独家定制"，进而增加客户的满意度与忠诚度。企业和产品的品牌效应如同一块磁吸石，对市场具有极大的吸引力，能够激发市场释放出无穷的价值，从而使市场份额逐步扩大。在开拓市场的过程中，多种多样的营销方式十分有效，同时更需要创新营销理念，推行"区域联动、部门联合、企业联手"的一体化营销战略，通过多形式、多渠道、全面覆盖的方式有效提高营销效果。

5. 构建合作机制，实现信息互通

乡村旅游产业的融合发展中，有效整合资源，全面协同互助。因而，必须建立强大的协调机构，专门负责产业融合运作的整体规划、指导、组织和利用。这样有助于打破信息壁垒，提高沟通效率，形成各方利益主体平衡、互惠、共建、共享的跨界治理机制。

当前，我国县区一级的旅游行政部门中，大多是与文化、体育、出版传媒或外事侨办合署办公。这种一署多能的组织机构办公形式对乡村旅游产业与相融产业的互相交流和融合发展十分有利。但是在更高级别的政府部门更多的不是这种情况，旅游部门与其他职能部门各自为政，分别管理，独立办公，这样很容易造成由于信息沟通不及时或效率低或是职责不明确而引发利益冲突，进而影响到乡村旅游产业的融合进度和效率。因此，可以考虑进行组织机构的创新设置，例如在乡村旅游业相对发达或旅游资源相对丰富的地区成立专门的乡村旅游发展委员会，将旅游与文化、体育等多个部门集于一体，便于信息沟通，就产业融合过程中的具体事务进行组织、协调、指导、决策和监督。这不仅能融合多部门职能，还能有效集聚多方资讯。这种合作机制实现信息互联，对乡村旅游产业在大数据时代下的发展具有重要作用。

（五）乡村旅游产业融合的发展途径

构建现代农业产业体系是当前我国社会经济发展和全面建成小康社会目标所面临的重要课题。以"旅游+"为发展方向，大力推动农村三大产业的相互促进与融合发展，建立多元复合、高效集约的多业态农业经济体系，加速农业经济发展模式的转型升级，更好、更快地找到极具中国特色的农业现代化道路。

通过产业融合发展助推农村经济进步以实现农村经济发展转型，是我国在全面建成小康社会、探索中国特色农业现代化道路上的一大战略，也是一条必经之路。旅游业作为一种综合性产业，与其他产业连接性强，又具有很强的推动力，它既能有效保持农村各项经济融合发展，又能作为农村经济发展转型升级的"触媒"，在三大产业融合任务中不可或缺。

1. 以"旅游+"为融合模式开发新的乡村旅游产品，实现定产增收。无论是"旅游+农业"、"旅游+工业""旅游+服务业"还是"旅游+民俗""旅游+文化""旅游+乡村生活"等，都是将旅游的概念融入乡村旅游产品中，进而拓展形成全新的产品，加大对游客的吸引力，帮助农民增产增收。总体上，在定量产出的情况下，单位产出带来的经济效益是增加的。

2. 以"旅游+"的融合模式形成新的乡村经济商业模式，实现物产升值。以旅游产品生产为主要任务，通过将第一产业的农业生产、第二产业的农产品加工处理、第三产业的文化创意创新相互融合，最后进行整体处理包装，以休闲度假和文化体验的多重概念进入市场。这既能为游客带来具有趣味、简约、多样的全新乡村旅游产品，也能帮助农产品在多次加工中逐步升值。这种商业模式能够有效促进三大产业融合发展，也能实现产品效益最优化。

3. 以"旅游+"为融合模式，容纳大量的农村人口就业，实现就地城镇化。总体而言，农村人口的整体知识水平和专业技能较低，而乡村旅游业恰好作为一个劳动密集型产业，对员工文化素养、技能水平要求不高且需求量较大，能够为农村人口创造很多的就业机会，为闲置劳动力提供就业岗位；同时对外出的农民工具有极大的吸引力，帮助农民工和中专学生更放心地返乡就业，实现农村人口的就地城镇化。

4. 以"旅游+"为融合模式形成新的乡村形态，走出城镇化新道路。"旅游+"为农村经济指引新的发展道路，使农村更加美好、基础设施更加完善、现代服务更加智慧、自然风光更加优美、生态环境更加绿色。此外，那些原本有着深厚的文化积淀、传统的乡土民俗的古老村落、古老村镇，有了"旅游+"的推动，不仅能够让历史文化重见天日，还能更好地宣传和发扬优秀传统。因此，推动具有历史、文化、经济等的特色旅游建设，能够为新型城镇化提供新的思路、新的经验、新的模式、新的方向。

"旅游+"的农村经济发展模式既是当今时代市场的要求，能科学有效地推进三大产业相互融合发展，建立现代农村经济体系，也能帮助完善农村利益联结机制，实现资源合理配置和利益均衡分配。以"旅游+"带动农村经济产业融合，对供给侧结构性改革具有重要意义，也能帮助农村人口实现增产增收，促进农业增效增产和为农村增光添彩，进而为推动现代农业产业体系的建立提供强有力的产业保障。

第四节 乡村振兴与乡村旅游景观规划发展

下面以长沙为例，探讨乡村振兴与乡村旅游景观规划发展。长沙作为省会，有极强的引流效应，周边的县级市有许多旅游自然资源及文化资源可以进一步开发，并且，随着乡村旅游发展，可以进一步促进城乡一体化发展进程，增加农民收入，提高农民生活水平具有实际意义。

一、推动美丽乡村建设，为乡村旅游开发提供规划保障

全长沙市推动"三农"工作与全域旅游紧密结合、深度融合，坚持把广大乡村地区作为全域旅游发展的重要内容，全面实施全域美丽乡村建设，致力将长沙建设成为一个城乡共美的大景区。按照城乡融合发展思路部署了一大批全市性的重大项目和重点工作，正在不断改善全市农村发展的基础条件，为全域美丽乡村建设提供了重要支撑。面落实"整村推进"的美丽乡村建设理念，推动各地逐步由"乐和大院""幸福屋场"等居民点建设向整村全域建设转变。加快推进美丽乡村片区化建设，按照"串点成线、连线成片、合片成区"的思路，重点在长沙县、浏阳市、宁乡县、望城区和岳麓区集中打造了五个美丽乡村示范片区，在河西打造了一条跨区域的美丽乡村示范走廊。大力支持全域美丽乡村示范县建设，浏阳市获批全省第一个全域推进美丽乡村建设试点县，宁乡县正在全力打造全国全域旅游示范县。以全市15个城乡融合发展试点镇为重点，大力实施全域美丽乡村建设整镇推进试点，

打造了宁乡县道林古镇、炭河古城、香山小镇、灰汤温泉之乡，浏阳市大围山水果之乡，长沙县金井茶香小镇、浔龙河生态小镇，望城区湘江古镇群等一批优势突出、特色鲜明的旅游强镇。

二、改善农村人居环境，为乡村旅游开发提供环境保障

以全域美丽乡村建设为抓手，统筹推进乡村经济、建设、管理提档升级，为实施乡村振兴战略、推进城乡融合发展创造了良好条件。长沙市启动创建20个示范镇、200个示范村，开展农村人居环境"星级乡镇"评选，组建专项督导组开展常态化督导，切实打好"五治"组合拳，农村人居环境整治成效得到中央督导组高度肯定，《人民日报》《农民日报》均予以大篇幅专题报道。其中，"治垃圾"成为全国典型。率先在长沙县建立系统的农村垃圾分类减量体系，在全国农村生活垃圾治理工作推进会上做了典型发言。"治厕"树立全省样板。建立健全农村改厕标准体系，率先全省建立农村改厕在线监测平台，完成户用无害化厕所改造20万座，为省定任务的200%，农村旱厕基本实现"清零"。全省一类县农村改厕工作现场推进会在长沙召开，宁乡市代表长沙做了典型发言。"治房""治水""治风"取得明显成效。清理"一户多宅""空心房"8700余户，农村建房乱象得到有效整治。实施生活污水、小微水体、江河流域"三水同治"，在全省农村人居环境整治现场推进会上做了典型发言。全面建立村级红白理事会，修订完善村规民约，农村大操大办、人情泛滥等现象得到有效遏制。

三、推动农业转型升级，为乡村旅游开发提供经济保障

以长沙绿茶、宁乡花猪、浏阳油茶、望城蔬菜、小龙虾和花卉苗木等六大"一县一特"产业为重点，建成宁乡花猪、望城蔬菜院士工作站，引进正大集团、文和友等行业领军企业，建立健全区域公用品牌管理体系，基本形成"一县一特"产业发展格局。着力推进规模经营。大力培育新型农业经营主体，新增3家国家级、15家省级农业龙头企业，新型农业经营主体总数增至2.8万家。搭建农村土地承包经营权信息应用平台，耕地流转比例达58.4%。着力推进绿色发展，全年焚烧秸秆问题大幅下降。整市推进畜禽粪污资源化利用，实现规模养殖场粪污处理设施全覆盖，畜禽粪污利用率达85%以上。着力推进产业融合。农产品加工业销售总收入突破2500亿元，成功创建5个国家五星级农庄，长沙县浔龙河村获评全国美丽休闲乡村。着力创新金融服务。组建全省首支市场化运作农业产业基金，落实股权投资项目3

个、资金1亿元。与蚂蚁金服合作开展普惠金融项目，累计发放贷款超过15亿元，有效拓宽了农业农村投融资渠道。

四、改善乡村交通环境，为乡村旅游开发提供交通保障

全面启动南、北横线建设，途经沿线60多个乡镇，逐步实现城乡交通网络的"大串联"。结合实际，长沙市加快运游专线的建设，开通建设了黄祖沩公路、宁灰二级公路、东湖塘至林塘公路、宁乡至朱良桥二级公路，连通了沩山风景区、灰汤温泉国际旅游度假区、国家5A级景区花明楼风景名胜区、关山古镇景区等多处旅游景点。正在建设的大浏高速茶林互通至白沙公路，让浏阳更加快捷地通往大围山风景区。加快农村公路建设，完善旅游交通网络。农村公路建设方面，改造完成115.6公里；市规连通工程完成建设里程230公里。浔龙河生态小镇敞迎全国游客，金井茶镇茶香飘四海；青龙湖景区，让市民周末尽情享受乡村旅游。农村公路的建设为旅游交通网络的完善，发挥了十分重要的作用。

城市化进程加快，都市人梦想回归乡村，追求宁静自然的生活状态，为休闲农业发展提供了强劲动力。城乡居民生活水平不断提高，全域旅游的推进，家庭旅游普遍化已成为人们日常生活中一部分，消费市场迅速增长。城乡融合速度加快，已经进入了城市支援农村的新时期，城市人才、资金流向农村为乡村旅游发展提供了要素支撑。

从市场反应和投资走向来看，全市乡村旅游吸纳投资数已经连续六年保持增长，休闲农业与乡村旅游的井喷期仍在继续。人们愈来愈注重文化内涵与科技知识，注重亲身的体验与参与，注重绿色消费和健康生活方式，农耕文化、民俗节庆和科技型旅游项目近年也纷纷开始融入观光休闲农业园区，休闲农业项目开发与绿色、健康、科技等主题结合愈来愈紧密。市场需求细分化也会给休闲农业形态带来更多样的选择，从近年来的消费分析来看，长沙的都市白领度假旅游市场、青少年认知体验市场、老年人寻根怀旧市场还有深入开发的空间，这也为休闲农业进一步升级提供了巨大的客源。

第五章 乡村振兴背景下乡村文化建设与发展

第一节 乡村文化建设

一、乡村文化建设

（一）乡村文化建设的意义

1. 为乡村振兴的实现提供文化支撑

乡村文化建设是乡村振兴战略实现的有力法宝，更是满足农民多层次的文化生活和各种精神需求重要的一环。"三农"问题是党一直工作的焦点问题，也是每年中央一号文件中反复强调的重中之重，十九大报告中把"乡风文明"作为乡村振兴的总要求之一提到了新的高度上。要坚持精神文明和农村经济共同发展。在坚定不移地发展经济的同时，我们要做好物质文明和精神文明两手抓的准备，二者要同步发展，缺一不可，所以在发展经济的同时，我们也要认识丰富农民精神文化的重要性，要用文化的力量解决农民精神生活单调的问题，发挥文化的教化作用，营造良好的生活环境，逐步化解人民对高质量生活的需求和地区发展之间的矛盾。丰富乡村文化、提升村民文化素养、优化公共服务，完善乡村的基础设施建设，是实施振兴乡村战略的重要手段。

2. 深化农民对乡风文明的认同感

乡村文化作为农民重要的精神食粮，亟需也应当加强建设，而加强乡村文化建设不仅仅是为了满足农民的幸福感、获得感，更是为了深化农民对乡风文明的认同感。乡风文明作为农民思想、行为等方面文明状况的反映，理应体现乡村文化建设水平，也能在认清乡村文化建设现状的基础上"查漏补缺"，更进一步地推动乡村文化建设。毋庸置疑的是，乡风文明蕴含丰富的内容，具体包括：

第一，充分发挥基层党组织及模范党员的带头作用，通过设立"党员先锋岗"等形式引导广大乡民积极主动参与志愿服务，争做移风易俗宣传员、乡村卫生保卫员等。

第二，以问题为导向，以农民为攻坚力量，全力清理垃圾乱丢、分类处理不当等问题，全面整顿车辆乱停乱放、占道经营等问题，严厉打击乡村黑恶势力、严格杜绝不文明现象的滋生。

第三，通过设置乡村文化长廊、修建乡村图书馆、组建舞蹈队等方式满足乡民精神需求，丰富农民精神境界，提升乡民文化素养。

第四，在乡村倡导健康文明新生活，摒弃封建陋习，建立平等、友好、互助的人际关系，共同营造美好乡风。

以上乡风文明所包含的内容皆是乡村文化建设的重中之重，加之，乡村文化的建设离不开每一位农民的努力和奋斗。在这个过程中，农民对乡风文明有了一定的认知，久而久之，"量变达到质变"，即农民对乡风文明的认同得到了深化。从这一层面而言，乡村文化建设有利于深化乡风文明认同感。

3. 促进城乡融合发展搭建文化桥梁

乡村具有的生产、生态、生活、文化等功能不仅能促进其自身发展，还能在一定程度上促进城镇的发展，乡村要振兴，文化要先行，保障乡村振兴目标的实现，就必须要振兴乡村文化。中国城乡关系发展方向由城乡统一规划和城乡一体化向城乡融合发展转变。如今为了更好地构建人类活动的主要空间，必须采取多种方法推进城镇与乡村互利共赢、和谐发展。

一是要加强乡村文化建设。乡村应以自身独有优势吸引大量人员投身乡村文化振兴工程中，不仅要让乡村本土人员发扬其文化传播优势，更要吸引城市人才、文化志愿者、企业家、退休人员等为乡村的发展助力。在不改变乡村文化的根基基础上，取其精华，去其糟粕，创新农村文化生态。

二是使农村文化活动更加丰富。随着人民生活水平的提高和城镇化进程的日益加快，农村居民也应该享有更多的文化服务，享有同等的文化权利，享有更好的文化成果，从而使农村居民的获得感和幸福感不断增强。

三是做好文化传承工作。中国人民自古以来就有深厚的乡愁情怀，人们对待传统文化、习俗的特有情感为传统物质文化遗产的继承起着独特的优势，从而吸引村庄里的年轻一代回到乡村,传承老一辈人留下的传统文化,比如一些老手艺、独特的民间文化等。吸引城市资金助力乡村建设和维护,加强传统村落、民族村的保护工作,既传承了人们的历史回忆,又传承了农村地区优秀的戏剧、民族文化、民间文化等非物质文化遗产。

4.为实现人的自由全面发展提供栖息地

每个人的一生中都需要一处精神家园,并为之而不断努力奋斗,称为寻找精神的栖息地。在我国古代也有文人墨客为了追求山水之中的闲适生活而隐于山林,当前,我国的社会基本矛盾已发生改变,因此,我们在坚持以经济建设发展为中心的同时,也应该更加重视社会主义文化的全面繁荣发展,协调和平衡好物质文明和精神文明之间的关系,要不断满足人们对高质量精神文化的需求,通过用文化培养他们健全的人格来促进人的自由全面发展。

乡村相对于城市而言,缓慢的生活节奏更适合人的身心发展,乡村文化是乡村的重要精神内核,是乡村的灵与魂,乡村文化不仅能促进乡村生活氛围的重塑,还能促进人的全面发展,因为乡村文化由来已久,乡村文化中蕴含着深厚的文化底蕴,对个人的道德情感和行为习惯的养成,人格的全面发展起到积极的推动作用,因此,只有将乡村文化建设好,把乡村建设成为一个生态宜居、有良好乡风、民风的世外桃源,才能发挥乡村的巨大潜力和作用,美丽乡村也将是人们的精神的栖息地。

(二)乡村文化建设的任务

1.培育文明乡风

(1)培育和践行社会主义核心价值观。社会核心价值观作为我们社会的主流价值观,在巩固思想意识形态中发挥着重要的引领作用,在我国的文化建设中发挥着不可替代的作用。新时期乡村社会面临农业、农民的现代化转型,市场经济的快速发展使乡村传统的价值观念发生急剧的变化,农民的世界观、人生观、价值观出现偏差,导致乡村社会的价值观空心化和庸俗化。这个时候我们需要发挥主流价值观的引领作用,因此,要不断加强其在乡村社会的培育和践行。

一方面,要让村民充分认识培育和践行社会主义核心价值观的重要性。培育和践行社会主义核心价值观是稳固农村思想文化阵地的必要举措,是不断提高乡村治理能力现代化,提高村民文化素质的有力保障,是建设新时代乡村文化的重要环节，我们要在社会主义核心价值观的指导下，继承乡村优秀的文化遗产，进一步提高村民辨别是非的能力，培育适合时代发展的新的观念和理念。

另一方面，培育和践行社会主义核心价值观要融入乡村社会生活，让村民在实践中感受它、领悟它，使其成为村民日常生活奉行的准则，增强农民的认同感，要让社会主义核心价值观融入乡村组织系统、文化系统、生产生活系统，浸入农民日常生活的方方面面，要将社会主义核心价值观内化为村民的精神追求，外化为村民的自觉行动。

（2）加强农民思想道德建设。能否加强农民思想道德建设是乡村文明与否的基本前提，决定着作为乡村主体的农民能否拥有良好的文化素养和较高的道德水平的关键，这也影响着乡村的人际关系和社会和谐。

首先，要建立乡村道德文明思想体系。在新时代背景下，传统乡村道德秩序要适当地做出改变。坚持以社会主义核心价值观为思想指南引领，构建乡村道德文明思想体系，制定合法的、翔实的、规范的村规民约，为村民提供可行性依据，最终实现促进农民的思想觉悟的提高，实现农民道德水平、文明素养的提升的目的。

其次，依托多样性活动促进农民思想道德建设。社会意识对于社会存在具有反作用。在农村举办家风家训活动，评选最美教师、医生、村官等。通过树立标杆、榜样带动村集体风气，在活动中加强道德建设。

2. 兴盛乡村文化

（1）传承发展乡村传统文化。我国传统优秀乡村文化源于农耕文明，其逐渐形成的乡土文化成为乡村传统文化的主体。做好乡村传统文化的保护和继承不仅对于新时代乡村文化的建设有重要意义，更是面对乡村文化受到工业化、现代化冲击的有效措施。我们应及时抓住机遇，让传统乡土文化恢复往日的光彩。农耕文明所蕴含的精神观念可以提升人们的精神文明教化价值和维护社会和谐安定的社会价值。今天日益多元化发展中的许多问题都可以用乡村传统文化来治愈。因此，乡村文化振兴必须做到传统与现代、继承与创新的有效融合。

（2）重塑乡村文化空间。作为人类特有的精神产品，传统文化在一定的空间内，在人与自然的互动中得以产生，并且不断丰富和发展。和城市不同，乡村文化必须以乡土社会为空间进行发展。近代以来，时空急剧变迁，导致传统乡土文化与其空间渐失和谐。令人欣慰的是，乡村因受到革命思想文化的洗礼，使得乡村文化得到了塑造。随着改革开放的不断深入，乡村文化空间也处于过渡中，文化建设面临的主要问题是乡村文化空间的重新定义和构建。总体而言，振兴乡村文化，重塑乡土文化空间，立足于乡村发展的实际和人的生存需要，构建具有乡村特色和人文价值的文化家园。

第二节　乡村文化建设的重要性分析

一、人民美好生活的现实需求

从进入新时代，我国的社会主要矛盾就变成了"人民日益增长的美好生活需要和不平衡不充分的发展之间的矛盾"，满足人民过上美好生活的新期待是建立在丰富的精神食粮的基础之上的。这启示我们，要想发展得更好，就必须在推动高质量的文化发展，乡村文化内涵丰富，历史悠久，可以为人们美好的精神生活提供更丰富、更好的文化资源。自改革开放以来，随着中国社会生产力水平的提高和社会供给能力的提高，中国人民的生活需求基本得到了满足，但人的精神需求会随着政治经济的发展而发生改变，中国人民在社会发展进程中，不仅创造了丰富的物质文明，而且创造了果实丰富的精神文明。

二、都市人的心灵归宿

农村发展必须应以自身独特的乡村风貌、风土人情特点和乡愁情怀优势为基础和前提，走一条独特的发展道路。随着社会的发展，越来越多的年轻人选择在繁华的大都市拼搏，这促使人们对乡村有了更独特的情怀。对于漂泊在外的游子们而言，无论他们走多远，乡愁永远伴随着他们，这种精神寄托，不仅对游子们是一种精神鼓励，对于乡村文化振兴更是一个机遇。因此，在乡村文化振兴中，应以乡愁情怀为出发点，做好传统文化的继承与创新，赋予乡村更多的人文情怀，使乡村不仅成为村民的美丽家园，更能成为更多都市人的心灵归宿和心理疗愈。

三、集体文化根源的追寻

乡村文化受到城市文明的冲击，生存土壤发生了很大的变化，乡村文化中包含的集体文化逐渐消失，传统文化的继承、乡风家风民风培育和乡村建设的记忆都出现了问题。乡村要振兴，离不开农业文明的继承和发展，重建农村文化是乡村走向文化繁荣的必经之路，更是乡村走向富裕的重要法宝。在农村，村庄自然成为一个集体，村民们关系融洽，其乐融融。乡村的生产和生活都是在村民团结互助合作中完成的，一个村子里的人在日常生活中都非常的团结友爱，遇事能做到互帮互助，遇到困难能相互扶持，共克难关。

村民间有着或远或近的血缘关系，血缘关系作为纽带，维系着集体团结和谐的人际关系。人们相互理解、包容、尊重，从而达到一种和谐的氛围。这种和谐的社会关系对个人、社会和国家的发展都有着很大的作用。

第三节　乡村振兴视域下的乡村文化建设路径

一、坚持乡村文化建设的正确方向

（一）坚持中国共产党的伟大领导

中国共产党是为人民谋幸福的伟大政党，其肩负着时代重任、应对着时代挑战。从辛亥革命以来，在中国共产党的正确领导下，乡村建设平稳向前发展。与其相伴随的是，乡村文化的振兴。当前，中国特色社会主义进入了新时代。要振兴乡村文化，要促进乡村文化建设，就必须坚持中国共产党的领导。具体而言：

第一，要做好党对乡村文化振兴的顶层设计。毋庸置疑的是，"领头羊"在带领整个社会和集中社会力量的过程中扮演着重要的角色。换言之，其能有效整合社会资源，带动社会发展。在乡村文化振兴的过程中，要充分发挥好中国共产党这个"领头羊"的作用及功能。因为，历史基础和现实状况的发展在一定程度上制约着乡村文化的发展。只有做好党对乡村文化振兴的顶层设计，才能使乡村文化振兴在具体的实践中有路可循，有法可依，有人可靠。

第二，要将维护好人民利益放在首位。从一定意义上而言，实现乡村文化振兴就是在提高人民生活水准的基础上，丰富人民的精神生活，提升人民的精神享受。在乡村文化振兴及乡村文化建设的过程中，要充分考虑到人民的现实情况，要切实维护好人民的根本利益。如此，必须坚持中国共产党的领导，必须把维护人民的利益放在首位。

第三，要在实践中谋发展、享发展。乡村文化振兴及乡村文化建设不是一句空口号，乡村文化建设作为中国特色社会主义事业发展的重要一环，必须对其付诸实践，必须在充分把握乡村文化发展的客观状况的基础上，在实践中谋得乡村文化建设的正确路径，享受乡村文化建设的丰硕果实。

（二）坚持先进文化的前进方向

中国共产党必须高度重视社会主义先进文化的建设，乡村文化建设的正确方向就是坚持社会主义先进文化的前进方向。在乡村改革进程中要注重乡村精神文明建设和农民素质的提高，要注重对农民加强集体主义和爱国主义的思想教育，要用正确的思想和优良风尚去占领农村。

伴随着中国特色社会主义进入新时代，我国的社会主义矛盾也发生了变化。对此，在发展乡村文化建设的过程中，要以习近平新时代中国特色社会主义思想为指导，要创新乡村文化建设路径。尤为重要的是，必须坚持社会主义先进文化的正确方向。因为，方向好似一盏指路明灯，指引着人们进行正确的建设和发展。当然，在这个过程中，还要注重培育和践行社会主义核心价值观。乡村文化建设不仅需要中国共产党的正确领导，还离不开村民自我素质的提升以及责任感和主人翁意识的增强。

（三）坚持为人民服务，为社会主义服务

"为人民服务，为社会主义服务"作为中国共产党文化建设的总方针和基本原则，在我国的文化建设中起到了巨大的推动作用。之所以其能助力我国文化建设，是因为其符合中国共产党全心全意为人民服务的宗旨，其也能体现出社会主义文化建设的性质和要求。

乡村文化建设更是将"为人民服务，为社会主义服务"贯穿到文化建设工作的方方面面，全心全意地为村民服务。村民是乡村文化建设中不可忽略的重要主体。要优化乡村文化建设，需不断满足村民的文化和发展需求，需不断提升村民的现代意识，需努力将村民培养成有助于乡村文化建设的现代村民。就"今后"而言，中国特色社会主义进入了新时代，中国的文化建设仍需继续坚持"为人民服务，为社会主义服务"。新时代，乡村文化建设会迎来发展的契机，也会迎来更多、更大的挑战。对此，在乡村文化发展的过程中，要坚持一切为人民服务、为社会主义服务。不可否认的是，为人民服务就是坚持了社会主义原则，而只有坚持了社会主义方向，才能更好地为广大农民服务。

二、搭建村文化建设的顶层设计

（一）提高基层干部思想认识

随着国民收入的增长，我国经济总量渐趋稳定，与经济的转型升级相适应，文化建设不仅成为经济发展的助推剂，而且成为提升和稳定国民生活质量的催化剂。与我国长期以来对经济发展的重视相适应，加上文化发展的长期性特点，使得文化发展虽然被提上各个地方发展的总章程，却也出现了新的问题，诸如，乡村建设中对经济建设的偏重，基层干部在心理上对文化建设的放松与倦怠。

为切实改变乡村建设中的这一问题，我们可以从两方面做出努力：其一，从政策入手，从根本上改变基层干部在文化建设中"怕投入、懒于投入"的心理，进一步加强与完善各级领导干部的年度考核制度，与之前单一强调经济建设的"政绩观"相区别，在新的考核制度中应适量加入对领导干部思想文化的考核。其二，要调动基层干部进行文化建设的积极性与主动性。改变过去乡村文化建设中一些只重视形式，不重视内在的过于形式化的作风，使基层干部在思想上真正认识到文化建设的重要性，而不是一味地为了完成工作指标，应将其观念贯穿于日常的点滴工作中，做到事无巨细。基层干部要静下心来、沉下身来，真正了解当地农民的文化需求，调动他们参与文化建设的自信与热情，以实现"一切为了人民，一切依靠人民"的初心。

（二）加大对乡村文化建设经费投入的力度

乡村文化的发展离不开资金的支持。应不断加大对乡村文化建设经费投入的力度，号召社会企事业单位和政策向农村文化发展倾斜，贯通优化投资渠道和融资环境，逐步形成多措并举、多元发展的乡村文化投融资格局。抓好用好建好基层文化服务中心，发挥便民文化传播阵地的主导作用，要充分运用好微信和各类短视频等新媒体平台，优化供给快捷、精准、优质的文化内容；搭建好"三下乡"、农民丰收节等舞台，壮大文化发展队伍，扩大文化传播途径，充实文化载体内容，推动乡村文化良性发展。文艺作品作为文化传播的重要载体，要支持以展示新时代农业、农村、农民精神风貌为题材的艺术创作，形成一批接地气的能使农民群众产生共鸣的文艺作品。要建立一批懂农业、爱农村的专业人才队伍，不断加大涉农的经营、物流等技术的支持。此外，在基础设施上，创建一批具有科技化、信息化的乡村设施，实现不同地域乡村文化的流动、借鉴和监督。

（三）善于挖掘地方特色

中华民族历经五千年的历史，在长期的发展与演变中，形成了博大精深的民族文化，加上地域辽阔和多民族居住等现实国情，使华夏文化呈现出丰富多彩的地域特点。不同的地域文化不仅彰显着不同的地理环境和人文环境，也在深层次上影响着人们的文化心理和行为习惯。基于这样的原因，在乡村文化建设中，应防止"一刀切"的做法，加强地方文化的保护、开采与发展，同时注重对当地人民精神文化的建设，将乡村文化的发展和建设作为现代文明新农村建设的必经之路。

具体而言，在农村文化建设中：首先应加强对传统文化和民俗文化的继承。一方面要采取积极措施对本地存在已久的物质文化进行全方位的保护，使其得以完整地保存下来；另一方面要注重对民间的传统精神文化的传承，诸如农民身上的勤劳、淳朴、忠诚、善良的品格等。其次应充分利用政策优势发展本地的文化资源。加强政策的宣传和引导，使村民充分认识到乡村文化建设的重要性，引导其积极主动地投身乡村文化的建设当中去。充分发挥乡镇文化站的主导作用，使人们在互助共享中实现自身的文化权益。最后应加强对当地传统文化的宣传。在全面进行地方文化保护与发展的同时，应突出重点，对本地特有的文化特色进行有意识地加工与宣传，在"精"与"深"的渲染中，培育出独一无二的地方特色，一方面有益于传统文化的发扬光大，另一方面有益于形成持久稳定的特色产业，以真正受益于当地的百姓，实现文化建设的初衷。

三、加快乡村经济健康发展

（一）推动乡村文化产业发展

在乡土中国，乡村文化发展都有自己独特的历史发展轨迹，在乡村文化的建设过程中，我们一定要尊重差异，必然要求我们立足乡村实际，结合特色乡土人情，创新性地把乡村文化和发展转化联系起来，乡村文化的发展既要"富口袋"，又要"富脑袋"，要搭好文化铸魂、物质塑形的平台。平衡好主导价值观和多元价值观之间的关系。筑牢基层探索和顶层设计根基，更好地为乡村振兴提供源源不绝的精神力量。

根据乡村文化的地域、历史、资源、民族、产业等地方特色发展衍生相应的文化产业，对于引导农民广泛就业、提升农村文化建设具有积极的作用。将特色乡土文化注入旅游、农业工业发展，塑造地域特色品牌，结合乡村文化发展，贯通农民的精神与物质需求，形成文化产业和文化事业双引擎驱动、经济和社会效益双向丰收格局，一体推进实现文化发展惠民、文化带动致富。

（二）发展乡村经济

社会存在决定社会意识，文化发展自然会受到经济基础的制约，在农村，乡村的经济水平的高低会直接影响到乡村文化的发展，经济发展好的乡村，村民的生活水平普遍高，村民们在物质生活得到满足之后，投身于文化建设的积极性就高，基层政府也会对这个村的乡村文化建设比较重视，资金投入较大，反之，如果一个村的经济发展状况不好，村民每天忙于生计，没有多余的精力投身于乡村文化的建设，乡村文化建设更是缺少经费的支持。另一个方面随着乡村经济发展，村民的经济收入增加，物质基本得到满足，开始追求精神上的享受，对于文化的需求增加，用于文化的支出就会增多，从而会带动乡村文化的发展建设。

发展乡村经济要规划好乡村经济发展思路。发展乡村经济要制定好乡村的发展经济的具体路线，不能盲目地搞经济，比如说，有的村子的文化资源比较丰富，历史文化古迹比较多，那么，这个村庄就可以将这些固有的文化资源变为旅游资源，开发旅游业，以此来促进乡村经济的发展。有的乡村环境优美，气候宜人，适合人居住，就可以用来发展民宿建设；有的乡村适合种经济作物，就可以种植经济作物，发展相关经济产业。

（三）拓宽资金渠道

我国乡村文化建设的资金来源一直依赖于政府拨款。还有另一个办法就是村民们自掏腰包，自己筹款，虽然我们投资建设了乡村文化站或乡村文化活动室，但由于资金不足，配套设施不完善，不能发挥它应能发挥的作用。

因此，乡村要建设得好，就需要拓宽资金的投入渠道，不能仅仅依靠政府财政的支持和村民的自筹，而是要拓宽资金的引入渠道，在合理分配预算的基础上，强化乡村级招商引资平台建设，引进客商到本地新建项目，通过这一途径，吸引资本入村。比如说，吸引一些爱心企业、实业家、慈善机构、社会名人的资本支持，要区域内联合开发，资金共享，整合现有的资金，共同开发资源，共同分享胜利果实。

四、加强乡村文化人才队伍建设

（一）注重乡村教育

我们迈入了开放多元的全新经济时代，意味着对人才要求有所提高，目前乡村教育仍以国家政府主导，吸引民间资本投入乡村教育，多方面整合公共教育资源，保证农民及乡村孩子受教育机会增加，完善基层教育的设备，改进办学条件，从而推动乡村教育的水平，当然最重要的是需要引入并培养不同层次的老师，丰富多样的知识需求，尤其职业技术教育以及法律和经营管理的知识，鼓励创办乡村职业技术学校，让农民工学有所用，学以致用。但是也需要结合本土文化，激励当地居民在本土特色地域文化上进一步传承和发扬，培养学生对乡村文化的自信心，因地制宜开展乡村办学，积极探索最佳的授课方式。伴随着智能手机和网络的普及，充分利用并开展线上教育，实现农民与教授的面对面连接，学生与名师的线上交流，使得乡村学生享受到城市教育资源，从而促进城乡教育的均衡发展。农村目前仍以务农为主，年收入源于庄稼，因此各地应加强农作物以及农业技术知识培训，促进农业的发展，在实践中完善新时代农业的理论体系。

（二）重视发挥农民主体作用

乡村文化建设是一个需集合多方力量，统筹规划、协调发展的过程。在整个规划、建设、发展的过程中，农民扮演着重要的角色。乡村文化建设作为新时代现代化国家建设不可忽略的一部分，需充分发挥农民的主体作用。具体来说：第一，中国是农业大国，亿万农民的积极性直接关乎乡村文化建设成效。当亿万农民心往一块想、劲往一处使，积极发挥个人能量时，其产生的强大作用是不言而喻的；第二，思想是行动的先导，亿万农民的主动性是乡村文化建设的必备前提。当亿万农民都有积极向好、共同建设乡村文化的正确思想时，其主动性也会油然而生；第三，意识是人脑高度发达的机能，亿万农民的创造性能加快乡村文化建设步伐。人作为一切社会关系的总和，能在意识的指导和作用下，创造出社会不存在的"物"。中国农业、农村经济的发展断然离不开中国农民的创造性，从这个角度而言，亿万农民的创造性必会推动乡村文化建设。当然，乡村文化建设不是一朝一夕就可实现的，充分发挥农民的积极性、主动性、创造性应当也必须是一个不断往复的过程。如此，量变达到质变，农民主体作用也必会在乡村文化建设中凸显出来。

第六章　乡村振兴背景下乡村治理与现代化发展

第一节　乡村治理的基本原理

一、乡村治理的原则与目标

加强和完善乡村社会治理，需要坚持四个原则，即法治原则、民主原则、权利原则和服务原则。坚持这些原则对加强和改进乡村基层社会治理有着不可替代的作用。

（一）乡村社会治理的基本原则

1. 法治原则

法治是调节社会复杂多样矛盾的有力依据和保障，是推进乡村社会治理的原则，当公民人身财产安全受到威胁时是最有效的解决途径和保障。在依法治国的大政方针下，推进依法治村，乡村社会治理法治化，遵循法治思维，坚持依法治理，把乡村社会治理纳入法治化轨道。

（1）推进乡村社会治理法治转型。坚持法治原则，推进我国乡村社会治理的法治转型。以农民权利为核心、尊重农民主体性与法律诉求的治理模式，排除社会结构性歧视、实现公民权利与社会资源对等配置的法律制度设置，是我国乡村社会治理法治转型的内在逻辑。就此而言，我国乡村社会治理的法治转型应首先以提升农民权利主体性为出发点，畅通农民权利诉求的表达渠道，保障其获得平等政治权利的机会，提高乡村社区组织化能力，使农民真正成为权利的价值主体、自我命运的掌控者。

（2）促进乡村社会治理现代化。法治是实现乡村社会治理现代化的必由之路。法治是一个国家社会文明的标志，推进乡村社会法治治理有利于推动国家现代化的发展，同时乡村社会法治化治理也是整个社会国家法治的重要组成部分。乡村社会治理如果不能弘扬法治，不能用法治思维、法律手段来处理问题、解决乡村社会发展中出现的矛盾，乡村社会治理的现代化就难以实现。要实现乡村社会治理法治化，就要在广大乡村党员群众中树立法治意识和法治思维，就要破除乡村传统熟人社会结构的束缚，建构现代乡村民主法治社会，就要将村规民约纳入法治化轨道。村规民约与乡村社会联系紧密，要加强对村规民约的改善，使之与现代社会相符合，将法律与村规民约相结合，与国家法律更契合，发挥其在乡村社会治理社会中的作用，提高乡村社会治理的法治化水平。

（3）实现乡村社会治理法治化。乡村是中国社会的基础，乡村治理法治化是维护这个"基础"和谐稳定的保障。党和国家依法治国、依法治村，有序地推进实现乡村社会法治化。从宏观层面看，依法治村是发展乡村社会经济的需要，也是提高国家现代化治理的必然途径。重塑乡村社会关系，构建法治和礼治相结合的新型乡村社会秩序，让法治观念渗透到乡村基层，让法治成为基层民众日常生活中的行为准则，切实推进乡村基层治理法治化。从微观层面看，推进乡村基层治理法治化有利于化解当前乡村社会矛盾，维护社会的安全稳定。同时，要加强对农民学法、知法、守法、用法的宣传教育，有效化解乡村社会矛盾，推进基层行政单位和组织的发展。

2. 民主原则

我国乡村社会同样面临着如何向现代民主治理体制转变的历史任务与难题。民主是乡村社会治理的基本方式，是推进社会治理法治化的重要前提。所谓乡村社会治理的民主模式，是指乡村治理过程中，凡涉及乡村公共事务、公共福利，除法律或政策有特殊规定外，应充分尊重乡村自治组织及村民的自主意志，采用法治化、民主化程序建立系统、高效、自治的乡村治理结构。20世纪80年代的村民自治以来，国家权力下放、民主下乡以及乡村社会治理现代化的推进，乡村权力结构变化及其民主化转型的演进。在乡村社会治理中，各治理主体的参与及运作都必须建立在民主的基础之上，从而促进决策的民主化、科学化、法治化。

（1）乡村社会治理民主原则的政策要求性。建立健全党组织领导乡村社会治理机制，通过实践探索乡村社会治理民主的形式，建立公共平台实行政务公开、信息公开。在有实际需要的地方，依托土地等集体资产所有权关系和乡村传统社会治理资源，开展以村民小组或自然村为基本单元的村民自治试点；在已经建立新型乡村社区的地方，开展以乡村社区为基本单元的村民自治试点。探索以村民会议、村民代表会议为载体，创新村民议事形式，完善议事决策主体和程序，落实群众知情权和决策权。建立务实管用的村务监督机制，落实群众监督权。积极探索村民议事会、村民理事会等协商形式，重视吸纳利益相关方、社会组织、驻村单位参加协商。研究明确村党组织、村民委员会、村务监督机构、乡村集体经济组织的职能定位及相互关系。在进行乡村集体产权制度改革、组建乡村股份合作经济组织的地区，探索剥离村"两委"对集体资产经营管理的职能，开展实行"政经分开"试验，完善乡村基层党组织领导的村民自治组织和集体经济组织运行机制。

（2）乡村社会治理民主原则的主体需求性。在现代市场经济条件下，在新媒体的作用下，经济决策权的分散化和个体化，催生个人意识和权利意识，农民获得了丰富的现代民主权利知识，其权利意识在不断觉醒，民主诉求在不断增强，对民主参与的需求更加强烈，要求参与现有的乡村社会治理过程，表达自己的利益诉求，单向管理的治理过程已经不能满足乡村社会治理民主参与的需求。民主选举、民主决策、民主管理、民主监督成为乡村社会治理的主要内容。在多元的社会治理模式下，实现政府与村民之间平等的协商与合作，使多元主体通过协同方式实现对社区事务的合作管理，维护了农民的合法权益。

（3）乡村社会治理民主原则的社会实践性。伴随着新乡村建设各项工作的推进，以及党和国家对社会主义基层民主发展的重视程度的不断加深，我国乡村社会治理中的民主程度得到显著提高。乡村社会治理不断地获得自主权，从以往行政命令型的管理模式向民主参与方式推进，以人为本，拥有更大的表达权、参与权、知情权，农民获得更多自由权。

推进乡村社会治理民主原则的社会实践性需要做到以下三个方面：

一是在提升乡村社会治理水平的实践中，加强社会主义协商民主。社会主义协商民主，有利于听群言、集民智、增共识、聚合力、促和谐，有利于增强乡村社会治理针对性和实效性。要使村民自治获得长久发展的稳定基础，就不能仍然停留在只是诉诸"民主"这种动员性的政策话语上，而是应该与乡村社会的治理环境和农民的生活规则相契合，并从自治的每个环节上具体落实民主的制度，建立在协商民主的基础之上的民主议事与民主决策，可以较好地处理村级治理各主体间的相互关系，实现乡村社会各阶层的利益均衡，维护乡村政治稳定、促进乡村社会发展。

二是推进和发展乡村基层政府管理体系与村民自治体系之间的协调互动治理。基层政府在乡村社会治理过程中要有意识地经常性地引导村民参与进来，只有让村民在参与治理的过程不断增强自己的民主意识，逐步学习民主知识和民主程序，让村民牢记参与村庄治理是自身的权利，让村民自觉地行使权利，才能逐渐提高村民乡村社会治理参与能力。

三是有机结合党内基层民主建设和乡村社会治理。许多乡村党组织探索这种形式，村党组织通过制度化、体系化、多元化的形式有效地管理乡村，同时村民也更好地配合管理。因此，如何有机结合党内基层建设和乡村社会治理就成为乡村基层党组织要解决的重要课题。

3. 权利原则

权利原则是乡村社会治理取得有效性的重要前提。在乡村社会治理过程中坚持权利原则，我们必须提高农民权利观念、建立权利体系、健全权利保护机制。

（1）提高农民权利观念。在新媒体的作用下，农民获得了丰富的现代民主权利知识，其权利意识在不断觉醒，这种意识蕴含着巨大的社会价值，是社会治理的有生力量。这种由新媒体引起的农民主体性的提升为实现现代治理机制的建构、实施和运行提供了现实的可能性，必须把协商、合作、多元、民主的治理理念引入乡村社会治理中去。农民民主权利的实现是乡村社会治理发展的核心。必须以农民权利为宗旨，具体到中国乡村的社会治理实践，农民权利必然是社会治理逻辑生成的价值目标，并贯穿于治理过程之中；在乡检社会治理过程中，正是借助于参与和表达形式，农民的权利话语才可能进入法治程序，并进而促进各项权利转化为实然状态。在农民的权利救济方面，应当通过立法的改进、诉讼程序的简化、诉讼成本的降低、诉调机制的完善等多种措施进行相应的改革，使国家司法权能有效地渗透乡村社会治理中，促进农民救济权利的充分发展。

（2）建立权利体系。在"乡政村治"体制下的乡村社会治理中，存在乡镇政府代表国家行使的行政权和村民通过自治组织实施的自治权两种主要权利形态。在实施城乡统筹发展和城乡一体化大背景下，国家的"多予、少取、放活"，以及将公共事业发展重点转移到乡村、"工业反哺农业、城市支持乡村"等政策，要求国家权力再次下放到乡村社会。

新型城镇化改革需要唤醒农民的主人翁意识，要农民自己主动地参与到民主政治当中去，接着是国家以制度性法律性保障农民主体的权益，建立完善的服务设施和保障体系，保障资源共享、分配机制合理、实现公平公正，唯有如此才能真正地实现农民的权利，才能实现良好的乡村社会治理目标。

（3）健全权利保障机制。在现实社会，指导与被指导关系的党委与村委本是实现基层民主和保障村民权利的重要主体，乡村社会治理的根本问题，是健全农民权益的保障机制，而这一"保障机制"的绝对指向应该是推动与实现农民权利，或者间接地说，农民权利是乡村社会治理的切入点与基准线。

（4）乡村基层治理中，执政党、权力机关、行政机关和司法机关既要努力排除社会结构性歧视、实现公民权利与社会资源对等配置，又要积极回应人民群众日益增长的多样化权利诉求，健全人权和权利保障制度，维护弱势群体的权利。同时，还要落实并完善宪法规定的农民与市民同等的公民权，更有效地推进社会主义新乡村建设和社会主义和谐社会构建。

4. 服务原则

乡村社会治理创新的根本目的在于提高社会公共服务的品质，满足民众多样性的服务需求，因此，乡村公共服务体系建设一直是乡村社会治理创新的核心领域。乡村公共服务状况直接关系到民众的生产生活水平的提升，是密切党群、政群关系的基本途径，也是检验乡村社会治理创新成效的标尺。建设中国特色现代农业，必须建立完善的农业社会化服务体系，即要坚持主体多元化、服务专业化、运行市场化的方向，充分发挥公共服务机构作用，加快构建公益性服务与经营性服务相结合、专项服务与综合服务相协调的新型农业社会化服务体系。这为乡村社会治理坚持服务原则提供了政策依据。

（1）增强乡村社会组织社会服务功能。在公共服务领域，我们要善于打破政府垄断、肯定市场价值，鼓励、引导和支持发展各种新型的乡村社会化服务组织，共同参与乡村的社会治理。目前在一些地区，由政府组织、非政府组织和乡村各类经济社会服务组织等共同参与的乡村治理格局正逐步显现。乡村社会组织具有参与公共服务的自身优势，它是政府与社会互动的桥梁，能够有效整合社会资源，繁荣社会事业，参与社会治理与服务，满足乡村社区的多元化需求。

支持农民合作社、专业服务公司、专业技术协会、农民用水合作组织、农民经纪人、涉农企业等为农业生产经营提供低成本、便利化、全方位的服务。采取政府订购、定向委托、奖励补助、招投标等方式，引导经营性服务组织参与公益性服务，大力开展病虫害统防统治、动物疫病防控、农田灌排、地膜覆盖和回收等生产性服务。推进科技特派员乡村科技创业行动。培育会计审计、资产评估、政策法律咨询等涉农中介服务组织。这些经营性服务组织的培育与建设在乡村社会治理中都可以发挥作用。完善乡村公共服务体系、加快公共服务均等化建设，必须以农民公共需求为导向，以保障和改善民生为根本，缩小社会内部差距，促进公共服务主体多元合作，激发乡村社会活力，建立和完善乡村社会化服务体系，形成村民自我组织、自我管理、自我教育、自我约束、自我服务的有效治理机制；必须促进农民组织化，把乡村社会治理网络建起来。通过培育乡村经济合作组织、发展乡村社会文化组织、规范引导民间社会公益组织，增强农民致富及社会合作能力，提升乡村社会自我服务能力，促进乡村社会的公共行动能力，使乡村形成一个能够共同致富、自我合作、参与公共事务的乡村社区共同体。

（2）提高基层政府乡村社会公共服务水平。提高乡村社会公共服务水平需要进一步强化农业公益性服务体系建设。要不断提升乡镇或区域性农业技术推广、动植物疫病防控、农产品质量监管等公共服务机构的服务能力。提高农业气象的检测和预报，降低自然灾害对农业的影响，继续实施基层农业的技术推广，在资金上、专利产权上大力支持科研，同时加强高等院校间和农业的合作关系。完善好乡村农业公益服务组织，加强预防自然灾害对农业的打击，建立系统的组织，从监管到应对措施都做到专业化、科学化、及时有效。

另外，要提升乡村基本公共服务水平，全面落实城乡统一、重在乡村的义务教育经费保障机制，加强乡村教师队伍建设。继续提高城乡居民基本医疗保险筹资水平，加快推进城乡居民医保制度整合，推进基本医保全国联网和异地就医结算。加强乡村基层卫生人才培养。完善乡村低保对象认定办法，科学合理确定乡村低保标准。扎实推进乡村低保制度与扶贫开发政策有效衔接，做好乡村低保兜底工作。完善城乡居民养老保险筹资和保障机制。健全乡村留守儿童和妇女、老人、残疾人关爱服务体系。

以网格化管理、社会化服务为方向，健全基层综合服务管理平台，就是要加强乡村社会治理服务平台建设，以村民小组为单元划分网格，设置网格管理站，通过推行"人在格中走、事在网中办"的服务模式，实施精细化、信息化、动态化管理，实现"社情全摸清、矛盾全掌握、服务全方位"的乡村社会治理新格局，将政府管理服务工作真正延伸到基层。同时，提升乡镇政府的干部队伍素质，在符合机构精简的前提下，建立素质更高、能力更强的干部队伍，为乡村社会治理提供高效的服务和指导。

（3）发挥乡村基层服务型党组织的服务功能。在乡村治理的新形势下，解决乡村社会治理过程中出现的各种问题和矛盾，离不开乡村基层服务型党组织发挥其服务功能，整合各阶层的利益，服务乡村社会多元化的利益诉求，保障和改善乡村民生，完善乡村社会保障机制和乡村治理机制，使农民能够享受到党组织提供的细致入微的服务。因此，这就需要乡村党组织发挥党在乡村的组织者和引导者作用，树立服务乡村群众的工作理念，提高服务群众的能力和水平，利用法治手段解决乡村各种矛盾和纠纷，争取把问题和矛盾在基层解决，从而进一步提高乡村社会治理水平，为促进基层治理法治化奠定基础。党组织在组织和引领乡村治理的同时，通过转变工作职能和履职方式，重点是发挥政治资源，能够为乡村经济、社会组织及村民自治组织的运行提供政策、法律、人才等服务，帮助解决困难、理顺关系、健全机制、营造环境。激发党员服务农民、参与乡村社会治理的内在动力。

（4）不断创新服务方式和手段。在新型城镇化的发展战略下，公共服务与乡村治理都需要有新思路，而乡村社会工作正是重要的方法之一。乡村社会工作不仅是"回应人的需要"，更要"回应社区的需要"，乡村社会工作不仅要补充原有的公共服务供给机制，还要在乡村治理、社区建设方面发挥作用。乡村社会工作不仅要在公共资源配置、公共服务产品供给中发挥作用，还要促进乡村治理、社区自治。同时，我们还要将农业与科技相结合培育出高产、高质量的农作物，不仅要提高科学技术，还要加强区域综合化的合作鼓励搭建社会化服务综合平台，发展专家大院、院县共建、乡村科技服务超市、庄稼医院、专业服务公司＋合作社＋农户、涉农企业＋专家＋农户等服务模式；发展农业信息服务，加快用信息化手段推进现代农业建设。

（二）乡村社会治理的重要目标

党和国家要抓好乡村社会治理工作，必须明确乡村社会治理目标，同时，也不能在乡村社会治理目标上出现偏差。乡村社会治理是一个复杂、庞大的工程，牵扯方方面面的利益，也是极易引起矛盾和冲突的地区，建设乡村社会不仅仅要提高人民的生活水平，更要注重全面建设，保障农民权利、提高农民生活水平与质量、建构乡村公共性等多元目标。

1. 实现乡村社会和谐发展

乡村社会治理的政治目标是实现乡村社会的和谐发展。乡村社会的和谐发展与乡村社会治理息息相关。创新乡村社会治理体制、维护乡村社会的和谐发展成为新时期乡村社会面临的主要问题之一。创新乡村社会治理，避免由于利益分化和价值失范造成严重的乡村社会的分裂化甚至碎片化，重新建立乡村社会治理基础和组织基础，走向新的社区共同体。创新乡村社会治理，把社会工作介入乡村社会治理中，更有效率地协助村民分析当地所面临的问题，去引导、规范乡村的社会生活，在村民之间形成良好的人际关系，最大限度地增进公共利益，谋求乡村社会的长远发展。

2. 保障农民的权利

从中国乡村的社会治理实践来看，农民权利必然是社会治理逻辑生成的价值目标。在新的历史阶段，乡村基础社会治理领域存在着乡镇政府的行政管理权与乡村社区的自治权两种基本权利形式。加强和创新乡村社会治理，就要拓展村民自治渠道，创新乡村社区治理体制，强化村民自治功能，扩大村民自治领域，引领村民自治向着自治组织更加健全、自治活动更加规范、自治范围更加扩大、自治程序更加完善、自治保证更加有力、自治成效更加明显的方向前进，切实保障农民群众享有更多更切实的民主权利。创新乡村社会治理必须以农民权利为宗旨。保障农民的基本权利是新型城镇化进程中乡村社会治理转型的关键节点。

解决农民问题的关键在于解决其权利问题，构建保障农民权利的公正法治社会是推进国家治理能力和体系现代化的重要任务。农民权利是乡村社会治理的法治归宿，乡村社会治理的根本任务是充分保障农民权利。因此，在创新乡村社会治理中，我们要切实保障农民的知情权、参与权、监督权、表达权，创新农民的参与形式，拓展农民的参与空间，保障农民话语表达机制、民主自治机制，培育农民的主体意识、权利义务意识、公平正义意识，进一步增强农民的公民意识，提升农民的治理主体性价值，从而把党的领导、乡村的健康发展和村民的民主要求结合起来，实现乡村社会治理的价值目标。

3. 提升农民生活水平与质量

农民生活水平的提高是民生问题中的关键。现阶段我国农民生活水平普遍偏低，各种矛盾错综复杂，农民对经济发展的要求和社会生活水平的期许越来越高，这就对乡村社会治理提出了更高的要求。只有乡村社会得到良好治理，才能最终实现整个国家的长治久安。依据当前乡村经济体制状况和经济发展的现实需要，我们可以看到发展乡村经济，增加农民收入，提高农民的生活水平仍然是乡村治理的首要任务。

乡村社会治理的根本目标是要为农民构建一个良好的居住环境，过上美好的生活。乡村社会治理的目的在于维护广大人民群众的根本利益，牢固树立农民群众利益无小事的理念，把民生问题的有效解决作为乡村社会治理的根本，想农民之所想、急农民之所急、办农民之所需。

乡村社会治理的核心领域是建立公共服务体系。乡村公共物品是实现乡村治理现代化和改善农民生活水平的重要方面，公共物品供给不足是治理现代化中乡村治理水平较低的瓶颈，直接影响着我国国家治理水平的提高。农民的生活水平高低与乡村综合治理效能息息相关。村级治理水平的高低最终体现在经济的发展上和农民的生活水平上。

目前，农业乡村发展已进入新的阶段，为确保乡村社会治理根本目标实现和基本任务的完成，必须充分发挥村"两委"作用，不断提高村级组织社会管理和公共服务的能力和水平，大力发展乡村生产力，盘活乡村活力，建设社会主义新乡村，加快全面建成小康社会的步伐，促进乡村经济全面发展和农民收入稳步快速提高，以良好的社会管理和服务体制机制守护我国的乡土文明家园，把乡村建设成为广大农民群众的幸福家园。

4. 构建乡村"公共性"

历史上的人民公社，作为一种自上而下建构起来的公共性载体，并没有为乡村社会的发展提供效率，广大农民的生活水平并没有得到有效的改善，致使中国走向了改革开放。在改革进入深水区之后，我们更有必要重新反思乡村社会的公共性。实现乡村社会治理现代化目标，必须建构起乡村的"公共性"。这种"公共性"是在承认并保护"私"的基础上所塑造而成的"公"，而不是单纯的一大二公，是顺应生产力发展和社会治理的"公"，而不是盲目推进的"公"。广大农民在实践中建构的公共性不仅是乡村社会经济发展的需要，同样也是社会治理的需要，是经济社会全面协调可持续发展的基础条件。

由此看来，农民自愿成为乡村公共性建构的新主体，其在发挥公共性的可视性（改善村容）、整体性（助弱济贫）、互动性（开展道德讲坛）、日常生活性等方面发挥了重要作用，拓展了乡村社会发展与社会管理的新方向和新思路。我们应从生态共同体、利益共同体、文化共同体建设三个维度，探讨如何通过创新乡村社会治理来实现和维系美丽乡村公共性的重建，如努力创建乡村公共文化空间，促进人们在共同生产生活中形成生活方式、价值观念、共同信仰、特色文化等，为诊治个体化病症提供启发性价值。

村庄合并后新型乡村社区的公共精神问题直接关涉乡村社会治理效率与社会稳定。在城镇化进程中，乡村社区各类社会群体聚居、各种利益关系交织，使得传统乡村社会的公共性在不断流失、变异，而发展乡村社区服务的一个重要作用就是它能够减缓乡村社会公共性流失、促进乡村社会公共性成长和建构乡村社会公共性，以推动乡村社区的良性运行。乡村认同是构建乡村基层秩序的基础，在乡村文化逐渐弱势城市文化日趋强劲的乡村社会转型中，要积极建立地域归属基础上的乡村社会认同，推进乡村公共性建设，夯实社会治理的根基。

总之，乡村治理现代化转型的目标是促使公共性在现代治理结构中占主导地位，具体而言，就是建构一个平等保护公民个体权利的公共权威，在社会成员中确立公民（身份）、公共关系（公民之关联、公民与公共组织之关联）以及公共规则，这也是乡村治理是否或在何种程度上实现着现代化转型的基本内涵或衡量标准。

二、乡村治理的要求与关键

乡村社会治理是一项系统而复杂的工程，是国家治理体系的重要组成部分，是推进国家治理体系和治理能力现代化的重要任务，关系到乡村地区的生存发展与和谐稳定，也关系到全面建成小康社会"百年目标"的实现。在乡村社会治理过程中，我们要切实把握几点重要的要求，即参与力量要求、精神状态要求、民生本位要求、发展目标要求。

（一）乡村社会治理的一般要求

1. 强化乡村精神文明建设

乡村精神文明建设是一个非常复杂的社会系统工程。加大乡村思想道德建设力度，有针对性地开展社会主义核心价值观教育，提高农民综合素质，提升乡村社会文明水平。开展文明村镇创建活动，修订乡规民约。充分发挥公共文化服务在乡村精神文明建设中的平台和支撑作用，加强乡村基层公共文化体育资源的整合利用，提高设施利用效能。建立广播电视村村通、文化信息资源共享、乡镇综合文化站、乡村电影放映、农家书屋、体育健身等重点文化体育工程有效合作机制。采取政府购买、项目补贴、定向资助等方式，支持社会各类文化组织和机构参与乡村公共文化服务。抓好乡村业余文化骨干队伍建设，加强乡村题材文艺作品的创作生产。保护和传承具有民族特色的农耕文明，加强乡村地区的文化遗产保护。广泛开展具有乡土特色的文化活动，推动文化与特色农业有机结合，提升农产品文化附加值。

弘扬优秀传统民俗文化是构建和培育社会主义核心价值观的重要内容，为进一步提升乡村社会治理能力现代化提供坚实的精神保障。加强乡村精神文明建设，这就要求人们在乡村社会治理中更加重视乡村精神文明建设，树立科学的并且深入人心的社会主义核心价值观念；这就要求我们以环境整治和民风建设为重点，广泛开展群众性新乡村教育活动，推动移风易俗，加强乡村精神文明建设和乡村社会治安综合治理，促进乡风文明，广泛开展文明家庭、文明村组、文明村镇创建活动，大力倡导健康、文明的新风尚；这就要求我们大力发展乡村文化事业，加强建设村卫生院、学校、图书馆等的建设，建设文化信息资源共享工程乡村基层服务点，大力创作和生产农民喜闻乐见的优秀文化产品，广泛开展乡村体育健身活动，引导和鼓励社会力量投入乡村文化建设，丰富农民的文化生活；这就要求我们提倡"孝"文化，形成"尊敬老人，赡养老人"的良好社会风气；这就要求我们深入推进公民道德和职业道德教育，加强农民思想道德建设，提高新型农民道德素养，倡导社会主义核心价值观，弘扬中华民族传统美德，逐步形成健康文明的乡村新风貌和科学、健康、文明的生活方式。

2. 着重改善乡村民生

党建设乡村社会政治信任的一个重要措施就是着力改善乡村民生。时刻关注农民群众，着力改善乡村民生，在乡村社会和谐稳定中推进改善乡村民生，在改善乡村民生中进一步促进乡村社会和谐稳定，是马克思主义唯物史观的必然要求，也是党建设社会主义新乡村的基本思路和基本经验。

以民生为本是乡村社会治理的核心要求。在现阶段，着力改善乡村民生是贯彻落实习近平总书记系列重要讲话精神、建设社会主义新乡村的必然要求，是加强乡村社会治理的关键环节。为此，新时期乡村合作医疗保障制度的管理体制与运行机制，就必须适应乡村社会治理结构的现状与未来发展趋势，就必须体现国家意志、责任和确保农民的主体地位。保障和改善民生、推进乡村社会治理，我们也应建立推广党委领导、政府负责、部门联动、社会参与的关爱服务体系，做好乡村留守妇女、留守儿童、留守老人等"三留守人员"的关爱服务工作。社区是社会治理和民生保障的重要载体，而乡村的社会治理和民生保障更要以乡村社区的建设为重要依托，乡村的社区服务体系建设是全面建成小康社会的重要任务。

以民生为本，加强乡村社会治理，就要着眼统筹城乡发展和一体化建设，乡村无论是经济水平、高级知识人才储量、文化教育力量还是民主政治的发展都远远落后于城镇地区，要统筹发展城乡一体化首先就要补齐乡村这些短板问题，筑巢引凤，在政策上大力吸引年轻人到乡村发展，为乡村注入新的活力，当然同时要培训农民的文化知识，科学种植，然后加强相配套的基础服务设施体系的建设；就要着眼努力增加农民收入，切实解决乡村社会保障脆弱问题；就要着眼切实解决农民最关心、最迫切、最现实的问题，保障农民享受公平的发展机会和条件，让农民平等参与现代化进程、共同分享改革发展成果；就要着眼多为农民办实事办好事，切实解决损害农民利益的突出问题；就要着眼继续深入推进美丽乡村建设，改善乡村生产生活条件，不断提升群众幸福指数。

3.促进城乡一体化发展

城乡一体化发展是乡村社会治理的必然要求，体现了乡村社会治理的理念更新。城乡统筹发展作为乡村社会治理的外部环境，直接影响到乡村社会治理的目标和价值取向，同时也影响到乡村社会治理创新的路径、方式和方法。随着改革开放的不断深入，乡村的社会结构、利益格局都发生了深刻变化，城乡融合加快、人口流动加速、这既给经济社会发展带来了巨大活力，也增加了社会服务、社会治理的难度和复杂性，需要我们审时度势，适应城乡经济社会发展一体化的客观要求，积极探索乡村社会治理模式创新，改变城乡分割、条块分割的治理方式，优化结构、良性互动的社会管理新格局，促进乡村社会和谐稳定与全面进步。

传统的以本村人口为主体，排除外来人口治理权的村民自治体系，已经无法适应城镇化以及城乡一体化对乡村社会治理的要求。为了促进城乡一体化发展，需要构建新型乡村社会生活共同体。构建新型乡村社会生活共同体，就是要推进乡村社区建设。乡村社区是乡村社会治理的载体。打破城乡二元管理体制，构建城乡社区一体化管理体制是时代的要求，以乡村社区重建为平台，政府必须改革乡村社区管理体制，优化乡村社会治理。在乡村地区构建民本型社区是乡村人口结构、经济结构、社会结构发展变化的必然结果，是在新的形势和条件下统筹城乡发展、促进城乡一体化的客观要求，也是在新时期创新和加强乡村社会治理的必然要求。对乡村社区的治理，就要形成乡村社区"共治"格局，乡村社区"共治"是不同于传统的由乡镇党委、政府贯穿到村社的行政体制主线条的单一主体的乡村社会管理模式，而是一种由党委、政府牵头的多重治理主体参与的新型乡村社区治理模式。

（二）乡村社会治理的关键要点

1. 提升乡村社会治理主体的治理能力

乡村社会治理是整个社会治理中最基础、最关键也是最难的一个领域。当前，乡村社会治理主体的能力不足，已成为提升乡村社会治理成效的关键障碍。随着城乡差距的逐渐扩大，乡村的人才都流向城市，导致乡村治理主体能力有限。针对目前乡村社会组织发展不足，农民治理能力有待提升的现实，要从多方位提升治理主体的治理能力。这就无可避免地导致乡村治理能人的短缺，总体上加剧了乡村治理主体结构的老化和治理能力的弱化。

提升乡村社会治理主体的治理能力是创新社会治理体制、推进乡村社会治理现代化的关键。比如，基层政府乡村社会治理能力问题。随着乡村经济社会状况日渐复杂，基层政府对乡村的控制力却在不断弱化，加上面对协调社会关系、规范社会行为、应对社会风险、保持社会稳定等一系列棘手的社会治理难题，迫切需要提升乡村社会治理的能力、效率和水平。

2. 完善乡村社会治理制度

我国的农业人口比重较大，因此解决乡村问题也就是解决全国性问题。优化乡村社会治理的基本制度，能进一步提升我国社会治理的基本能力，进而推进整个社会主义和谐社会建设。

法治与民主是人类社会实现良好治理的基本方式，是实现乡村社会治理创新的基本制度保障。"乡政村治"起着承上启下的作用，是我国乡村社会治理制度由国家全面控制到乡村社区自治转型的关键。宪法规定村民自治制度是乡村社会治理的基本制度。伴随着乡村经济社会变迁而产生和发展的村民自治，已成为我国社会主义民主政治制度的一项重要内容。村民自治是中国乡村社会治理结构的历史性变革。村民自治制度为新型的乡村社会治理提供了理论基础，通过村民"民主选举、民主决定、民主管理、民主监督"，真正实现村民作为管理主体参与到基层乡村的各项事务中，促进乡村发展。村民选举制度是乡村社会治理最重要也是最基础的制度设置，民主选举的目标是村民集体参与民主管理，每个人可以在选举村负责人的过程中行使自己的权利。

除了继续推进和完善基层群众自治制度外,我们还应该构建适应经济社会发展要求的乡村社会治理基本制度。我国乡村的现代化改造要以发展乡村经济为基础,以构造市场化为取向的乡村社会经济制度和管理制度为目标,尊重农民的平等的公民权利,构造适应市场经济要求的乡村社会治理制度。在深化改革的大背景下,如何创新乡村集体经济有效实现形式,建立符合社会主义市场经济要求的乡村集体经济组织产权制度,直接关系到广大农民的切身利益,关系到乡村基本经营制度的发展方向和乡村社会治理体系的现代化,也关系到国家的战略全局。伴随家庭农场、农民合作社、农业企业等新型农业经营主体的出现和成长,作为农业生产经营者群体,如何赋予和保障他们的土地经营权利和社区治理主体地位,是目前乡村社区建设过程中处理好村民自治和多元主体参与之间关系的关键,也是未来乡村社区形成共建共享机制的重要基础。也就是说,乡村产权制度决定乡村社会治理的发展变化,乡村社会治理要与其基本产权制度相适应;同时,乡村社会治理又对产权制度产生影响,能促进或阻滞乡村产权制度的变革。乡村集体产权制度改革是健全乡村社会治理体系、促进乡村和谐稳定的重要保障。

3. 完善乡村社会治理方式方法

随着乡村改革后,乡村社会发生了巨大的转变,人民的物质经济得到了质的发展,同时在政治、文化教育上也有了明显的提高,民主制度明确了农民的选举权、知情权、参与权、监督权,在文化教育上国家大力推进文化下乡政策,修建学校,确保每个适龄孩子能得到相应的教育,提高农民文化素养。它的推行,使我国乡村治理方式发生了重大的变化,国家对乡村社会不再直接管理,而是赋予乡村社会自我管理的权利,由村民自我管理自己的事务。

从方式上来看,传统的乡村管理强调的是行政性,而乡村社会治理除了行政还强调法治建设、思想道德建设、制度建设等多种方式。改进和完善乡村社会治理方式要求我们创新乡村基层社会治理,建立多元主体治理体系。村民自治并不是乡村社会治理的唯一方式,当代乡村社会治理更加强调政府、市场与社会的"新型合作伙伴关系",建立多元主体治理体系,共同治理和解决乡村社会问题。乡村社会治理应该是多元主体通过协商合作方式,对乡村社会事务和社会生活进行规范管理、对乡村社会问题与矛盾进行科学治理。这就要依据乡村基层社会治理理念、知识、技术、方法和机制等,对传统乡村基层社会管理模式、方式和方法进行扬弃,建构

"政府主导、公众参与、社会协同、法治保障"的新的有中国特色的乡村社会治理体系，引导广大基层群众增强社会主人翁意识，激发广大群众参与治理基层的自主、自治积极性，构建繁荣和谐稳定的乡村社会治理格局，实现由一元治理向社会多元治理模式转变。

改进和完善乡村社会治理方式要求我们提高农民组织化程度。新时期的治理理念具体表现在乡村社会治理中要求改变农民长久以来的片面"被管理化"，要求农民能够逐步形成主体意识，作为重要的一方主体有效参与到乡村社会的治理中来。农民是乡村社会管理组织形式的主体，要大力宣传农民积极参加教治组织当中来，通过农民自己选代表、成立委员会的形式，在其内部先进行有效的治理。乡村民间组织可以说是现阶段我国乡村社会管理和公共治理领域中农民组织化参与的有效形式。要解决乡村社会的治理危机，就应当培育和革新乡村社会的治理主体，实现有效的农民组织化，进而形成基层自治组织与其他乡村社会组织合作共生、协同治理的局面，重构乡村社会的微观治理格局，使宏观的"乡政村治"治理布局真正落实在微观的乡村社会场域之中。

改进和完善乡村社会治理方式要求我们强调德法共治。法治作为现代治理方式的一个重要方面，对乡村社会治理尤其是现代化转型发展中的乡村社会治理也至关重要。法治在乡村社会治理中占有举足轻重地位，但是中国人常说法理之外还有情理，德治的治理同样具有重要作用，充分发挥乡规民约的德治功能对于提高乡村社会治理水平、实现国家社会治理能力和治理体系现代化具有重要的现实意义。

第二节 乡村治理"三治融合"体系的构建

党的十九大报告明确提出实施乡村振兴战略，并强调加强农村基层基础工作，健全自治、法治、德治相结合的乡村治理体系。。

所谓乡村自治，就是推进村民自治建设，是村民通过基层组织进行自我管理的一种行为和制度，其本质目标是完善村民自我管理、自我教育、自我监督的能力，做好每一环节才能更好地实现村民自治。

乡村法治是指坚持以法治手段维护乡村社会的公平正义。依法治国的本质就是法治，法治是国家运用法律的手段参与国家治理、进行社会调整的方式之一，是新时代基层社会治理、保证公平正义、维护社会稳定的重要保障。

乡村德治通过情感来纠正人们失德行为，在思想上形成一种约束力。

通过梳理可以发现，"三治融合"乡村治理体系基本表现为"自治为核心、法治为保障、德治为支撑"的关系结构，即以村民自治为主体，以法治作为自治和德治的底线保障，以德治作为自治和法治的价值支撑。"三治"是自治、法治和德治的简称，既是方法也是手段，还是内容。"三治融合"乡村治理体系是自治、法治和德治结构和功能有机协同的治理体系。"三治"的系统兼容才能实现高稳定性和可持续性的乡村善治。

一、"三治融合"乡村治理体系的构建意义

（一）实施乡村振兴战略的现实需要

改革开放四十多年来，伴随着生产力的不断进步、科技的不断发展、城镇化的不断推进，我国乡村社会发生巨大变化。城镇化过程带来的人口流动对乡村社会产生重大影响，城镇建设需要人口数量多，提供就业机会，大量乡村人口流向城市，劳动力流失，使得乡村社会老龄化，留守儿童以及空巢老人问题亟待解决。

当前乡村社会正由传统向现代转型，在转型过程中，乡村社会的经济结构、人口结构、观念结构等出现了巨大的转变，现存乡村治理体系无法回应乡村社会的变迁。乡村振兴要解决的是如何通过构建良好的社会秩序、营造文明乡风来实现乡村的稳定、有序与和谐，来推动乡村的发展与振兴。

构建"三治融合"的乡村治理体系，能为乡村社会发展提供和谐稳定的环境，促进乡村社会安定有序。进入新时代，党的十九大报告站在新的历史阶段重新审视乡村治理问题，将乡村振兴战略上升为国家战略，将乡村治理问题作为全党工作重点。

（二）解决社会主要矛盾的举措

新的历史时期，乡村社会的经济、政治、文化、社会、生态以及党建等多方面都将面临新的机遇和挑战。目前，我国社会主要矛盾已经转化为人民日益增长的美好生活需要和不平衡不充分的发展之间的矛盾。在党中央的高度重视下，乡村治理水平不断提升。村民不再仅仅对衣、食、住、行等简单层面提出要求，还在民主法治、教育医疗以及环境卫生等方面提出新的要求，这些需求都与乡村治理能力和水平息息相关。我国经济社会还将持续发展，在未来一段相当长的时间里，村民对

美好生活的向往会更加迫切、强烈。

切实解决乡村社会治理能力和治理机制不协调问题，构建"三治融合"乡村治理体系，增强村民的幸福感、获得感。健全自治、法治、德治相结合的乡村治理体系，基层治理实现"管制型"向"自治型"过渡，有利于落实村民自治管理，理顺党建引领、多元参与的治理格局，强化村民的主体意识。新时代提出新要求，要将量的增长转变为质的飞跃，必须将构建"三治融合"乡村治理体系放在突出地位，在社会主要矛盾转变趋势下，实现村民生活水平在质上的飞跃，不断满足人民对美好生活的追求和向往。着力解决城乡发展不平衡问题，实现资源均等发展，最终实现善治。因此，构建"三治融合"乡村社会治理体系是应对当前社会矛盾变化、满足人民日益增长的美好生活需要的时代诉求。

（三）协同推进乡村治理现代化的途径

乡村治理作为国家治理的重要组成部分，具有不可或缺的重要意义。乡村治理现代化水平的高低也将直接决定国家治理现代化的质量和速度。乡村社会不断变革，也必须要求构建与之适应的新时代乡村治理体系。在自治基础上引入法治和德治，构建党委领导、政府负责、社会协同、公众参与、法治保障的现代乡村社会治理体系。乡村治理主体向多元化发展，运用综合治理的方法，优化乡村治理资源配置，转变治理思维和治理方式，协同推进乡村治理现代化。"三治融合"乡村治理体系，引入了公平、民主、法治、文明等现代化因素，既回应了国家城乡发展战略，也促进了乡村治理能力的现代化。国家治理的现代化要求我们必须先实现乡村治理的现代化，这是一种不可逆转的趋势，也是解决我国乡村社会治理困境、推进治理现代化的必由之路。

二、"三治融合"乡村治理体系的内在约束力

（一）自治的内生约束力

所谓自治就是指自我治理，不同于他治，在这一过程中人民既是治理客体也是治理主体。我国是人民民主专政的社会主义国家，其本质是人民当家作主。基层群众自治制度是我国的基本政治制度，群众自治制度分为居民自治和村民自治，其核心是自治。我国乡村社会是在党的领导下，实行基层自治制度。村民要依照法律行使自己的权利并积极主动履行自己在政治事务上的义务，这既体现了我国政治的民主性，也保障了乡村人民实现行政监督与自我教育。这种自治方式以村民的利益

为根本落脚点，保障村民主权，调动村民的积极性与主动性，激发村民参与的热情。乡村治理体系作为国家治理体系和治理能力现代化的重要基础，明确主体责任，确保主权在民。只有自治主体的有效管理，实现真正的自治，德治和法治的功能才能更好地凸显，这是构建新时期乡村治理体系的核心目标。

（二）法治的刚性约束力

我们党领导全国各族人民治理国家的基本方略是依法治国。国家治理体系现代化要求乡村社会也必须依法治村，进而实现全面依法治国的目的。法治是现代国家社会治理的核心内容，法治建设水平的高低能够反映出一个国家的治理水平的高低。宪法和法律在社会治理中处于最高权威的地位，坚持法律面前人人平等原则，既不能允许任何组织超越法律的约束，也不允许个人有超越法律的权力的行为。乡村振兴离不开法治的大背景下，更离不开法治的作用，必须协调好各种利益关系，只有在法治的保驾护航下，乡村治理体系才能有效构建。法治作为一种成文的道德规范，被称为乡村的"刚性约束力"。因此，只有依靠完善法治体系，才能够推进我国乡村治理体系现代化发展，才能够提升乡村法治治理水平。只有将法治作为乡村治理体系的根本保障，才能够实现法治基础上的高水平自治，做到乡村自治有法可依。

（三）德治的柔性约束力

一般认为，德治即"以德治国"，是一种隐形治理模式，是在社会治理环境下对道德功能和作用的一种归纳总结，以道德方式来维护社会秩序，发挥其自身调节作用，以内化的方式来塑造一种高尚的治理人格，从而通过道德来规范治理的行为和模式，即德治是通过道德作为手段治理国家。德治主要侧重于内心的道德价值，与法治的刚性约束形成对比，促进德法结合促进乡村治理更加有效，进而促成以自治为核心的乡村治理体系。德治在一定程度上能够弥补自治的不足，特别是诚信缺失情况下，提高基层组织及村两委的权威性。同时也可以弥补法治的刚性约束力，用道德约束来解决自治和法治无法解决的问题。法律强制性和局限性也决定了将所有乡村社会关系迎过法律进行调节不具有现实可行性，这就便为道德调节乡村社会关系提供可行性条件和可能性。德治是以一种柔性约束力对乡村进行治理，对乡村社会产生一种无形的规则，是"三治融合"乡村治理体系的支撑。

总之，在乡村治理中，如果离开自治，法治和德治将失去治理主体；如果离开法治，自治和德治将失去约束条件，如果离开德治，自治和法治将失去情感依托。"三治融合"乡村治理体系中，自治居于核心地位，法治具有保障作用，德治提供情感支撑，后两者是前者的载体，"三治"之间既相互促进，也是相互制约，因而其理想化的状态是"三治"之间要达到一个平衡，这种平衡是在不同条件下实现的，三治缺一不可，共同打造现代化乡村治理体系有效格局。

三、"三治融合"乡村治理体系的成效

近年来，我国致力于推进乡村治理体系和能力现代化取得显著成效，在"三治融合"乡村治理构建中，以党组织为核心的乡村基层组织建设不断加强，乡村治理主体逐步扩充，民主政治持续推进，乡村基本公共服务显著改善，乡村社会保持和谐稳定秩序，增强了广大村民的获得感、幸福感、安全感，给予"三治融合"乡村治理体系重要反馈。

（一）治理主体多元化

随着城乡一体化的不断推进，乡村经济不断发展，各类治理主体治理能力和水平有所提高，许多乡村社会组织出现，乡村治理主体向多元化转变。其中，党和政府始终是治理的重要主体，村民组织和社会组织也是治理主体中不可缺少的组成部分。乡村基层党组织是党在乡村工作中的领导核心，近年来基层党组织建设不断完善，党员在乡村治理中带头执行党的方针政策，起到了先锋模范作用。新乡贤和民间组织等各种其他力量也参与到乡村治理之中，有效地推动了乡村社会发展。但在不同地区乡村治理的环境和经济状况有所不同，治理主体也不断发生变化。通过选调生和三支一扶计划，吸引大学生回乡建设，青年活力的加入，为治理主体增添活力。但由于各地区乡村社会具体条件不同，在治理过程中会产生不同状况，对乡村治理主体的能力以及治理手段和方式都产生不同要求。

（二）民主政治不断推进

"依法治国"的提出使得村民的法治意识有所增强，村民对法律的重视程度较之前相比明显提高。随着"送法进乡村"等活动的开展，普法工作在乡村社会有序开展。在社会主义民主政治不断发展的前提下，乡村基层自治得到有效发展。村民的权利得到扩展，民主参与意识显著提高，通过民主选举的方式选出代表村民意愿的理想候选人，代表村民行使权力。在城镇务工的村民也在城市化进程中提高自己的法律意识，学会用法律武器保护自己，维护自己的切身利益。

四、构建"三治融合"乡村治理体系的路径

(一)"三治融合"乡村治理体系的构建目标

推进社会主义现代化建设和实现国家现代化,是中华人民共和国成立后党和政府在治国理政中始终坚持的基本目标。改革开放以来,党和国家推动社会主义现代化建设的决心更加坚决,目标更加明确,"四个现代化"既是对社会主义建设的重大任务,也是国家治理的重要目标,更是对乡村治理提出目标要求。在乡村治理的目标中,逐步开始重视乡村居民生活条件和生活环境的现代化,完善乡村社会的现在要求。新时代乡村振兴战略提出更高的目标要求,着眼乡村治理体系现代化发展要求,如何实现农业强、农村美和农民富,是全面振兴乡村的新的目标和要求。

(二)"三治融合"乡村治理体系的构建原则

1. 以党建引领为基本前提

坚持和完善党对乡村治理的领导,是走中国特色社会主义乡村善治道路的必然选择。乡村振兴离不开党的领导,乡村治理也必须在党的领导下进行。在乡村治理体系构建中,始终坚持党的基本方针、政策、路线,有利于把握乡村治理发展的总方向。乡村治理体系的构建要依靠党的领导,乡村治理能力的提升也和党的领导密不可分。坚持乡村党组织在乡村社会的领导地位,加强党对乡村治理工作的集中统一领导,通过制定乡村政策,谋划乡村发展大局,发挥其主心骨作用。

只有坚持党对乡村治理体系的引领为前提,才能保证乡村治理体系构建的有效推进。推动全面从严治党在乡村治理中发展,促进治理工作廉洁高效。加强党在政治方面的建设,为构建"三治融合"乡村治理体系营造良好的政治环境。中华人民共和国成立后,特别是改革开放以来,更加注重党的建设工作,其中包括党的作风建设、群众路线以及反腐倡廉建设,不断提高党的执政能力和执政水平,正是中国共产党这种科学、民主的领导力,极大地保障了广大村民的权益和积极性,从而使乡村治理体系和能力更具有生命力。党的领导能够保证乡村治理体系建设的正确方向,以基层党建反馈基层治理成效。

2. 以人民利益为主要中心

新时代"以人民为中心"的治理理念进一步强调人民群众的主体地位,更加注重村民在乡村治理中主导作用,村民既是乡村治理的客体,更是治理的主体。自治制度的实施依赖于村民的有序参与;法治建设的落实维系于村民的合法遵从;德

治氛围的成效建立于村民的普遍认同。中国特色社会主义制度下的现代乡村治理，必然是在党的领导下，遵循中国乡村社会发展的基本规律，符合当下乡村政治、经济、社会、文化、生态等多个领域多个维度的现实情况，是对人民向往的美好生活诉求的强有力回应。

我们党和国家乡村治理是以人民为中心的乡村治理，也就决定了我们的乡村治理是以人民为中心的乡村治理，其根本是维护村民群众利益。在构建"三治融合"乡村治理体系中，以人民利益为中心是治理过程中应始终遵循的发展思想，维护民益、尊重民意、爱惜民力，切实了解村民的实际困难和需求，从村民日常生活密切相关的事物着手。其落脚点既惠利村民群众，又增进村民的幸福感，其目的在于解决乡村社会的现实问题，使村民的安全感、幸福感、获得感得到提升。"以人民利益为中心"的"三治融合"体系不仅鲜明体现出中国特色社会主义基层治理自我管理体制优势，而且在乡村治理的各层次和多领域有效保障村民利益的实现，二者的综合运用使"三治融合"乡村治理体系成为当前中国底蕴最为深厚的基层社会治理体制。

3. 以"三治融合"为根本

"三治融合"乡村治理体系中自治、法治、德治都是不可或缺重要因素，"三治"既不是三条互相平行的治理方式，也不是简单的三种治理方式的组合。"三治融合"乡村治理体系是治理主体、治理规则和治理工具各要素环节的体系化。多元治理规范间以及治理规范内部的冲突都在极大程度上影响乡村社会治理的成效。"三治融合"乡村治理体系的优化是增强乡村治理主体、治理规则和治理工具方面联动的体系化程度，是对"三治融合"乡村治理体系的各要素环节和整体流程的全面质量管理。

"三治融合"是乡村自治、法治和德治相互融合、相互作用的结果，以各自独有的方式、发挥各自最大的优势，共同作用于乡村治理体系，以实现乡村治理的最优化。一方面，三种方式具有各自的优势，且无法被替代；另一方面，"三治融合"乡村治理体系是一个有机整体，不能分开各自治理，要坚持整体性原则，从国家顶层设计出发，统筹三治融合。这一治理体系主要结合法治和德治方式，符合乡村社会发展趋势，又立足乡村治理的现实需要，能够获得村民普遍认同感，建立有活力的乡村治理新秩序。"三治融合"乡村治理体系要求自治载体中体现法治、德治，法治载体中体现自治、德治，德治载体中体现自治、法治，即形成你中有我、我中有你的实施载体。

（三）"三治融合"乡村治理体系的构建策略

1. 创建一核多元治理格局

乡村治理工作要坚持党组织领导的核心地位，朝治理多元化发展，扩充治理主体基础，激发群众参与积极性，保证乡村自治的有效性。

（1）加强乡村基层党组织建设。坚持党对乡村治理工作的绝对领导是根本性的政治方向，起到总揽全局、协调各方的作用。抓住党建工作机制重塑，着力解决基层党建弱化虚化边缘化问题，对乡村党员干部教育管理，开展常态化教育宣传工作，切实提高乡村党员干部思想道德素质，牢固树立四个意识，以习近平新时代中国特色社会主义思想为指导。加强党组织带领各类治理主体处理公共事务的能力，充分发挥基层党组织的战斗堡垒作用。深入落实基层党组织带头人工作机制，增强自我革命精神，优化党员数量和年龄结构，提高村委会代表和村民代表中的党员比例，夯实党组织基础。加强基层党组织的思想引领力、群众组织力以及社会号召力，要用习近平新时代中国特色社会主义思想武装头脑、指导实践，最大限度地把群众组织起来，调动一切积极力量，形成乡村治理合力，共同影响着乡村治理的方向、进程和成效。村党委书记要按照法律正当程序进行任职，村两委班子成员也要交叉任职。加强后备力量建设，通过遴选和培训打造一批能够掌控和推进具体乡村振兴事务的村干部队伍。

充分发挥共产党员的模范带头作用，帮助乡民解决生产生活中遇到的问题和困难，密切党群、干群联系，不断提升基层党组织的凝聚力、战斗力。加强培训教育建设，通过培训干部队伍强化其业务能力，特别是针对乡村干部对乡村治理理论、政策解读以及法律知识的了解，强化以德治村，依法管理的治理理念，提高干部待遇，制定激励机制，给予福利政策，调动起积极性，鼓励乡村干部自主学习，改善工作环境等方式，激发基层干部队伍的工作热情。

（2）多元治理主体共同参与乡村治理。完善人才队伍引进机制，吸引乡村优秀人才，为乡村自治注入新的活力。乡村流失人口中其中有一部分是大学生群体，在高校学习专业知识和技能，可以更好建设乡村，通过制定各类人才激励政策，提供就业机会，做好福利政策，鼓励大学生回乡创业，从而吸引大学生群体回家乡工作，积极招揽人才，进而补充乡村干部储备力量。大部分进城务工村民都是青壮年劳动力,在外见过了世面、锻炼了本领,他们根在乡村,对家乡有深厚感情,如果各地能够重视利用,将对乡村创新创业和经济发展产生较大促进作用。可以加大乡村基础建设投入吸引经济能人群体,促进其本地化就业创业。

发展乡村的模范和乡村精英,发挥"榜样"效应,以带头人和领路人的身份,壮大自治主体,带领村民更好发家致富;发挥各类人才中党员的积极带头作用,明确党员的责任和义务,全心全意为人民服务,做到实现好、维护好、发展好最广大人民的根本利益。要鼓励乡民、自治组织、社会团体积极参与乡村治理,凝心聚力、集思广益,建立健全现代乡村治理体制。注重乡村社会组织建设,强化组织的专业化能力和自身运行制度化,共同参与乡村治理。各乡村治理主体间相互协作,共同治理,当矛盾冲突发生之时,多元治理主体进行调解或处理矛盾协同参与社会治理,抓住好一切可以利用的资源,调动一切积极因素,打造乡村多元治理结构。

(3) 激发村民自治主体意识。村民在乡村治理中对治理主体的认识不够明确,要激发村民自治主体意识,要增强村民自治的参与能力。乡村自治不仅仅是要村民依法进行的民主选举、决策、管理和监督的过程,更是对村民主体意识的提高。在这一过程中要不断强化村民的主体意识,增强村民的责任感和使命感,调动村民参与乡村事务的主动性和能动性,激发自治主体活力。通过对民主建设的宣传,使村民了解人民当家作主的具体含义,讲述民主权利的重要性,唤醒村民主体意识。发动村民共同参与乡村事务,提升村民参与感、幸福感和获得感。鼓励村民积极参与重大事项的决策,拓宽群众参与渠道,全方位多层次管理乡村社会事务。最大限度激发村民的自主性和积极性,建立健全民主决策程序,深化自治改革,以村民利益为核心思想,以维护村民利益为导向,广泛吸引群众参与其中。从"选人"到"议事"环节,都离不开村民的参与,做到每项决策,村民都享有知情权、决策权、建议权、监督权,村民代表要代表广大村民的意愿,也要有对村民负责的态度。乡村振兴背景下的村民自治,需要提升村民的民主参与意识。还要提高村民"三治融合"合力的教育和引导,使村民逐渐形成"三治融合"的乡村治理理念。

2. 完善乡村法律保障体系

法治是乡村治理体系建设的保障底线。坚持党的领导、人民当家作主、依法治国有机统一,促进社会公平正义,保障和改善民生是乡村治理工作的重要依据。以乡村振兴战略要求为出发点,要规范基层自治的权限和范围,做好责任的划分,也要培育村民的法治意识,意识决定物质要求我们,要注重意识的能动作用,对人们的行动起到指引作用。还要重视乡规民约的法治效力，实现村民有法可依。

（1）规范基层自治的权限和范围。在依法治国大背景下，我们要坚持用法律作为衡量标准和划分职责依据。无论是法治还是德治，最终都是要以实现自治为目标。当前形势下，应给予村民自治更多的空间，充分发挥村民自治的自治功能。让村民委员会成为村民自治性组织，保障村民依法享有本村事务的管理权利，体现着民主价值导向。通过法律手段划分政府的职责和乡村自治组织的管辖范围，基层政府要转变观念，在事务的划分上应当严格遵守哪些工作要做的，哪些属于村级自治的工作任务。加快立法建设，通过法律条文的形式对权利进行约束，无论是乡镇政府还是乡村社会自治组织都能清楚明了各自的责任所在。规范乡村自治权力清单，权力不是掌握在村干部手中，也不是少数个人手中，要打破传统的僵化模式。村干部队伍在村民的管理过程中，要坚持法治原则，做到公开透明。提高村干部的法治意识，学习民主案例，规范乡村基层行政执法程序，严格按照法定职责和权限执法，将政府涉农事项纳入法治化轨道。对于推动乡村社会民主法治建设，维护乡村法治秩序稳定有重要意义。建立新型民主法治机制的自治制度，让广大村民广泛参与，进行监督与管理，充分行使广大村民的政治权利和政治参与，充分调动村民的积极性、主动性，实现村民自治的高效发展。全面落实依法治国方略，将乡村事务纳入法治化轨道，加强乡村法治宣传教育，完善乡村法律服务，引导干部群众遵法、学法、守法、用法，依法表达诉求、解决纠纷、维护权益，建设法治乡村。

（2）培育村民自治中的法治意识。"三治融合"乡村治理体系绝不能忽视法治的作用，缺少法治的保障，乡村自治无法有序开展。

一方面，要强化村民的法治意识，加大普法力度，定期开展相关法律宣传主题教育。通过村民乐于接受的方式和形式，以百姓身边的案例为素材，丰富宣传内容，以直观具体的方式，利于村民的理解和记忆，使得村民具有法治意识，提高运用法律的效率和依法办事能力。

另一方面，乡村带头人要发挥带头引导作用，要提高村干部依法治村的思想觉悟和行动力，积极引导村民学法、懂法、用法、守法，在不伤害别人利益的同时，维护好自己的合法权益，按照法律程序和规章制度办事，在办理事务中让村民加深对法治的了解，在实践中检验认识，推进乡村法治建设。村干部不同于普通群众，他们肩负着特殊政治职责，更应该带头遵守国家的法律法规。可通过建立法律人才库和法律驻村顾问团等方式，以最低的成本让村民接受法律援助和服务，解决村民的矛盾纠纷，推进乡村治理法治化进程。让村民依法表达自己的合理凤愿，开展乡村法治宣传教育，开展"示范村"评选活动，加强干部法治宣传意识，培育一批法律宣传人。引导村民实施法治监督权，改变村民浓烈的"人情"行事态度，以此来提高乡村社会的法治权威，从而促进乡村社会法治治理有效。

3. 创新互联网有效载体

互联网驱动"三治融合"乡村治理体系网络化，是对传统线下治理模式的突破，迎合了时代发展的需要，依托互联网技术，有效快速实现乡村自治管理，通过法治和德治的方式，激活内生动力，彰显乡村治理的包容性。

（1）"互联网+"自治平台。随着电子政务的实现，构建网络机制自治平台也成为可能，各地区可以因地制宜打造专属网络化自治平台。

首先，在村民选举方面，网络可以摆脱时间空间的界限，发挥最大优势。通过这一平台，许多外出务工人员也可以利用网络行使自己的权力，投出神圣的一票，表达自己的意愿。

其次，在村民决策方面，通过对各类项目的说明和详情解读，使村民可以更好理解，设立相关专家咨询，促进科学民主决策。

再次，在村民管理方面，利用网络大数据和超容量等优势，记录各类信息及轨迹，进行数据追踪，掌握和了解村民信息，完善登记制度，建立信息库，方便管理。

最后，在村民监督方面，设立相关查询和咨询服务，做到信息的公开和透明，保证村民的知情权，依照法律程序完善评价体系，做好村民监督和反馈工作。也可以根据地区引入特色栏目，对外公开，相互借鉴，不断完善网络自治平台。设立自助引导和评价、反馈信息采集，可以更好地倾听群众心声，密切联系群众，规范法定程序，合理公正，促进乡村自治有序。

（2）"互联网+"法治乡村。加强乡村法律服务供给，推进法治乡村建设。法律作为我国的成文法，在宣传方面一直都是严肃的，也是晦涩难懂的，以至于人们心中形成了一种刻板印象，要突破这种现状，就要以一种新的方式介入，改变传统的机械式灌输，通过更为直观的方式吸引村民的兴趣，提高村民的法治意识。当前，智能手机已成为人们生活的必需品，腾讯QQ、微信、头条等网络方式已被大众所接受，除少数年龄过大的老人和儿童无法使用手机外，几乎每个人都可以接受网络消息。因此，可以采取公众号推送的方式，以故事及身边案例为素材，借助图画、音频、文字等形式，结合法律常识，使村民更为深刻地理解法律知识。另外，在自治平台开设网络法律诊所，培养专业法律人士，提供在线客服服务，村民可以足不出户解决许多法律问题。对于干部队伍进行定期网络法律知识培训和检测，以此提高干部队伍法治能力，推进乡村法治化水平。

（3）"互联网+"乡风文明。在乡村建设中德治功能不容忽视，文化作为一种精神力量，在人们认识世界和改造世界过程中起指导作用。当下，网络投票和评比已成为一种流行，因此，可以在自治平台上，设立乡风文明专栏，以网络文化的形式发挥德治作用。通过进行网络评比和奖惩宣传，以自愿投稿形式征集信息，采取奖惩机制，按照不同等级和程度给予物质奖励和精神奖励。注重家风的作用，以家庭为单位进行定期投票，评选文明家庭典范，并在平台公示，培育文明乡风。村民要树立法律意识，其内容要真实有效，不可随意编造，否则要承担法律责任，建立信任监督机制。拍摄有关记录片段，宣扬传统优秀文化，保护特色地方文化，以网络形式传播和记载，文化永远不会丢失。

总之，实施"三治融合"，能够在全面建成小康社会来临之际，在实现"两个一百年"目标和中华民族伟大复兴中国梦的重要节点，更好地了解和认识我国乡村社会治理中存在的突出问题。"三治融合"在承接过去"三治"治理方式各自的优越性的同时，为提升新时代下乡村善治的聚合效应提供了新的思路。科学高效的乡村治理体系建立不是一蹴而就的，"三治融合"乡村治理体系需要根据各地的情况进行探索建立，还需要在其实践中不断丰富和完善，牢牢抓住新时代社会主要矛盾变化这一特征，一切以村民的根本利益为出发点，不断丰富和完善"三治融合"乡村治理体系，才能实现乡村善治。

第三节 乡村振兴背景下乡村治理现代化发展

一、加强政策引导，重视农业战略性产业地位

推动农村农业及乡村治理的进一步发展，需要充分发挥政府主导作用，重视农业战略性产业地位，为"三农"问题以及乡村治理现代化提供政策支持。坚持农业农村优先发展，加快推进乡村治理体系和治理能力现代化，推动实现乡村振兴。新时代，想要继续更好地推进"三农"各项工作，实现乡村振兴，推进乡村治理现

代化进程，仍需继续强化政府政策主导作用，重视农业的战略性产业地位，加强对农村工作的政策扶持，更好助力于乡村各项工作的建设开展。

二、提高乡村民生保障水平，夯实物质基础

（一）增强基础设施建设

根据乡村振兴战略规划，国家要继续把基础设施建设的重点放在乡村地区，乡村基础设施建设要以各地具体发展实际和发展目标为基础，制定各地建设规划。新时代，推动农村基础设施提档升级首先应该包括以下方面：

第一，加强乡村道路建设。道路建设是农村发展的最基础性工程，我国乡村道路建设不断发展，乡村地区基本实现道路硬化。但乡村公路建设主要以主干道路为主，乡村农民主要生产劳动多为田间耕作，田间小路仍为土路且路面坑洼不平，交通不便。新时代，要全面加强乡村道路建设，乡村道路建设应涵盖方便农民开展生产劳动的田间道路。

第二，推动完善供水供电设施建设。水电作为生活必须条件，必须确保乡村地区的供水供电，确保基本生活保障。部分地区存在地下水污染或某种物质超标现象，需加强乡村地区饮用水净水处理，确保居民用水安全。加大乡村地区电网建设与升级改造，随着人民生活水平提高，空调等大功率电器开始逐步走进乡村家庭，老旧电网难以支撑大功率电器使用。

第三，加强乡村网络建设，实现乡村网络全覆盖，提升乡村居民用网质量。社会与网络科技不断发展进步，智能手机与电脑越来越普及，农民对乡村网络建设也提出了新的要求，乡村网络建设亟待加强。

第四，建设乡村健身广场，补齐乡村体育设施建设短板，全面落实健身器材的安装建设，有利于提升乡村群众健康水平。

（二）发展农村教育事业

发展农村教育事业，提升乡村教育水平，是乡村振兴战略的重要内容。大力发展农村教育事业，一是对农村义务教育予以高度重视，确保义务教育内每个乡村儿童不掉队，享有受教育的权利，推动建立以城带乡、整体推进、城乡一体、均衡发展的义务教育发展机制，缩小城乡教育差距；二是加强乡村学校基本办学条件建设，检查改建教学楼危房，安装多媒体教学设备，增加学校体育设施配置，全面改善乡村学校的办学基本条件，为学校开展教学活动打好良好基础平台，提升乡村办

学水平;三是加强乡村教师队伍建设。采取相关吸引人才政策,鼓励人才下乡教学,加强乡村教师队伍建设,提升乡村教学水平;四是需根据各地实际情况,制定符合当地实际的教育发展规划。例如:规模较小,人口较少的乡村,可根据需要实行多村合并建学,整合乡村教育资源。

(三)建设农村社会保障体系

农村社会保障体系是国家依法建立的、由政府主导的具有经济福利性的农民生活保障性制度,对改善和提高农民群众的物质生活具有非常重要的作用。乡村振兴战略规划下,对我国农村社会保障体系建设提出了新的要求。

首先,落实加强各项保险制度建设。加强基本医疗保险制度和大病保险制度建设,让每个乡村居民都可以"瞧得起病",做好农民重大疾病救助工作。加强基本养老保险制度建设,目前养老问题是个世界性的难题,我国人口基数大,老龄人口较多,养老保障问题亟待解决。

其次,完善城乡社会救助体系。社会救助是改善民生的关键,乡村的发展是整体的发展,只有提高最困难群众的生活水平,让广大弱势群体共同发展起来才能真正实现乡村全面振兴。建立残疾人保障服务体系,解决他们的基本生存生活问题,给予困难家庭必要的帮助。

最后,完善乡村"三留守"群体帮扶体系。随着乡村青壮年劳动力的流出,乡村常住人口中"三留守"群体比重较大,家里主要劳力外出,可能会在生活中存在诸多不便,完善乡村"三留守"群体帮扶体系,对其开展生活帮扶,解决其生活中面临的诸多困难,有利于乡村的稳步发展。

三、协调各乡村治理组织关系

(一)健全以党组织为核心的组织体系

提升乡村治理能力,实现乡村治理现代化,必须加强农村基层党组织建设。作为乡村治理体系的中心,基层党组织发挥其核心作用是实现乡村治理现代化的关键。

健全以党组织为核心的组织体系,一是加强农村党支部建设,整顿软弱涣散村党组织。加强农村基层党支部建设,优选配强党支部书记及委员,全面提升基层党组织的执行力、组织力、服务能力及乡村治理能力,增加全局的把控能力,能够积极地联系人民群众,为人民服务;二是建立完善选派第一书记长效工作机制,担任党组织负责人，全面指导带领村"两委"开展工作，推动基层党组织建设，推动乡村精准扶贫，提升村"两委"为民办事、为民服务及乡村治理能力；三是加强乡村党员教育，加大党员教育培训力度，充分利用线上教育资源开展流动党员教育，适当建立定期考核制度，发挥先进党员模范表率作用。大力发展乡村中有能力、有知识、有服务意识的优秀青年党员，为乡村党员队伍添加新鲜血液，增强党组织创造力。

（二）完善多元主体参与乡村治理机制

改革开放前，我国乡村治理主体较为单一，政府统一领导，主导乡村一切事务，这种方式不利于乡村发展，在一定程度上影响了农民群众生产与参与治理的积极性。随着社会主义市场经济不断发展，单一化的治理主体难以满足农村社会发展需求，乡村治理主体日益多元化，村民自治组织、社会组织开始参与到乡村治理中来，且扮演着越来越重要的角色。

首先，充分发挥基层党组织在乡村治理中的领导核心作用，坚持党管农村的工作原则。我们党作为社会主义现代化建设事业的领导核心，是整个国家治理现代化的主要领导者和推动者，更是乡村治理现代化的领导者。加强乡村基层党组织建设，发挥党员先锋模范作用，对提升乡村治理能力具有重要作用。

其次，加强村民自治实践，强化基层自治组织在乡村治理中的自治作用。以坚持党的领导为前提，加强乡村基层民主建设，切实保障农民群众当家做主权利。充分利用村民大会、村民代表大会、村民议事会、村民监督委员会等会议形式，行使村民对乡村各项事务以及村集体资产资源的管理、监督权利。

再者，加强乡镇政府的指导监督作用。政府作为国家权力机构，在乡村治理中处于中心地位，发挥着主导作用。政府主导的公共服务供给，涉及农民群众切身利益，另外政府在统筹城乡发展，缩小城乡差距方面也发挥着不可替代的作用。

另外，还需要强化各社会治理组织在乡村治理中的作用。随着社会主义市场经济的不断发展，社会组织在乡村治理中的作用日益凸显出来，成为政府与村民自治之间联系的枢纽。社会组织在参与乡村治理过程中应妥善处理好与基层党组织、村民自治组织之间的关系，共同助力于乡村治理能力的提升。

（三）建立治理主体间良性互动关系

随着乡村治理主体多元化转变，各主体之间职权划分不明确，职权行使不规范，导致各治理主体在开展治理过程中难免会出现一些摩擦。规范各治理主体职权与行为，推动各治理主体间的良性互动，有利于乡村治理能力的提升。

首先，构建乡镇政府与村民自治组织之间的良性互动关系。要继续加强政府职能转变，将更多的行政权利下放到基层，完善村民自治。政府要以促进乡村地区经济发展与增加农民收入为重点，加大公共服务供给力度，完善乡村基础设施建设，更多地完善服务职能建设，不干涉乡村自治活动的开展。

其次，建立健全乡村治理协商机制，乡村治理是一个涉及多部门共同合作实现资源有效配置的长期过程，在此过程中要充分协调乡镇政府、基层党组织、村"两委"以及各社会治理组织之间的关系，创新农村基层协商民主形式，构建协商合作机制，增强各治理主体之间的协商能力，能有效缓解矛盾，增强各治理主体凝聚力，共同致力于推动乡村治理发展。

四、构建自治、法治、德治相结合的治理体系

乡村振兴，治理有效是基础。实现乡村治理现代化，需要构建现代化的治理体系，推动自治、法治、德治相结合，实现"三治合一"。"三治合一"乡村治理体系建设是实现乡村振兴的底线与保障。

（一）深化村民自治实践

首先，加强群众性自治组织建设。加强村民委员会建设，规范村民民主生活，全面落实村民的自我管理、自我教育、自我服务，提高村民主动参与乡村治理的意识，深化自治实践。

其次，创新村民议事形式，充分发挥党员大会、党员代表大会、村民大会、村民代表大会等村集体会议，听取村民意见，推动形成民事民议、民事民办、民事民管的协商制度，保证村集体决议的民主性。利用网络线上手段加强对流动人口的管理，可采用网上会议、网上投票等形式让外出村民参与到乡村治理中来，切实保障村民合法权益。深化村民自治实践，还需要建立健全监督制度，依托村务监督委员会对村集体重大事项决议及实施过程、村"两委"工作开展情况、村集体资产使用管理等问题进行监督，确保村民权益不受侵害。实行村级事务阳光工程，设立乡村事务公开栏，凡是涉及村务不管大事小事均进行公示，确保每位村民的知情权，方便村民了解乡村发展现状。

(二)推进乡村法治建设

提高乡村法治水平,强化法律在维护村民合法权益中的重要地位,帮助基层领导干部及村民树立法治观念和法治意识,增强依法办事能力,有利于进一步推进乡村治理现代化进程。推进乡村法治建设,一是加强农村普法教育,积极开展农村普法宣讲活动,线上线下相结合,结合乡村实际进行相关法律宣讲,促进法律知识进校园,从儿童抓起,增进村民的法治素养,加大法律宣讲力度,帮助村民增强法律意识与知识,帮助基层管理人员提高依法办事能力,提升乡村治理法治水平;二是完善乡村法律服务体系建设。推进法治乡村建设,要加大对农民的法律援助和司法救治力度,充分发挥法律在解决农村土地承包经营、邻里矛盾纠纷等问题中的优势,维护村民合法权益;三是推进平安乡村建设,建设乡村治安防控体系,维护乡村公共安全秩序,推进乡村治理开展。

(三)提高乡村德治水平

中国乡村社会是熟人社会,人际交往围绕血缘、地缘关系以"己"为中心开展,乡村社会秩序维持有着自己的"礼",而"礼"作为乡村社会公认的行为规范,在规范村民行为、解决村内矛盾纠纷等问题上发挥着重要作用。今天,我们所倡导的提升乡村德治水平,是新时代对中国传统乡村社会"礼治"的继承与发展。新时代,要提升乡村德治水平,以德治带动乡村治理现代化发展,就要深入挖掘中国乡村熟人社会中蕴含的道德规范,并赋予其新的时代内涵,来强化村民道德建设。

提升乡村德治水平,首先要完善村规民约。村规民约是为了维护本村内的村级秩序、社会公共道德以及村风民俗而制定的村民行为规范制度,它在一定程度上约束村民行为。将道德激励约束机制与村规民约相结合,制定具体措施,建立村民道德行为奖惩制度,奖励道德模范行为,严惩失德失文明行为。其次要加强乡村道德模范、好人好事等典型事迹宣扬力度,发挥道德模范榜样作用,带动大家向道德模范学习,传播正能量,从而推进乡村整体道德水平建设的提高。如开展"乡村好人"评选表彰活动,发动寻找"最美乡村教师""最美乡村干部"等活动,最大程度发挥道德模范的引领作用,加强乡村德治建设。

五、强化乡村治理人才支撑

(一)提升基层管理人员个人素质

乡村基层管理人员个人素质的高低对乡村治理能力的提升有着重要影响。随着科技发展，办公日益网络化，基层领导干部难以适应，致使办公能力较低。要实现乡村治理现代化，提升乡村治理水平，必须加强乡村基层管理人员自身建设：一是加强基层领导干部培训教育，定期举办理论学习会议，加强基层领导干部理论学习能力，认真学习新思想、新政策，把握国家方针政策。组织基层领导干部前往治理先进村庄实地考察，学习先进治理经验，对比发现自身不足，理论与实践结合，更好地服务于乡村治理。二是加强基层管理人员党性教育，提高党性意识，增强为人民服务意识。利用乡村党员活动室以及其他实践教育活动，开展乡村党员和领导干部的党性教育，开展"两学一做"、主题党日等学习活动，加强作风建设。

（二）鼓励社会各界投身乡村建设

随着改革开放的日益深入，各种社会事务积聚增多并呈现出复杂的局面。乡村社会治理必须要有更多的力量参与。从社会层面看，乡村社会治理中除国家力量之外的一个重要互补力量就是社会力量。随着市场经济和民主政治的发展，社会阶层不断分化，乡村地区的社会力量不断增强，各种乡村社会组织和新型农民群体不断涌现，他们参与乡村社会治理的欲望十分强烈。比如，在乡村社会治理过程中，掌握了大量经济资源的农民合作社在乡村事务中的地位越来越高，已成为乡村社会化服务的重要组织载体。

乡村日益发展的时代性诉求与乡村治理能力式微的矛盾，成了农民合作社组织嵌入乡村治理的内在驱动力，同时也是其在当前社会中弥补乡村人才外失、营造一种和谐乡村治理新秩序的意义所在。社会组织参与村庄治理是当代中国乡村社会治理结构转型的必然要求。鼓励和推动社会组织参与乡村社会治理已经成为深化社会治理创新的基本趋势。发挥社会力量在乡村社会治理中的协理作用，不仅能弥补政府部门在农业经济管理领域中的空白，更能有效发挥社会力量在乡村社会治理中的专长，因而能有效调动其参与乡村帮扶的积极性。同时，这对于降低乡村社会治理成本，进一步完善乡村社会治理与运行功能具有重要意义。这就要求作为乡村领导核心的基层党组织采取多种治理方式和治理手段对多元主体的利益进行整合，更加注重培育、支持和引导乡村多元主体参与乡村社会治理，实现乡村社会治理力量的有效合作，推动基层和谐发展；这就要求政府积极引导企业参与乡村的开发与治理，充分发挥乡村社会组织在乡村社会治理中的作用；这就要求进行相关法律法规的修订和落实、加强对乡村社会治理的财政投入和政策优惠、完善乡村管理共治机构、引导社会力量参与，全面实现从管制到共治型治理模式的转变。

采取相关人才吸引措施，建立有效激励机制，充分发挥大学生村官制度优势，选聘优秀大学生到乡村任职，既可以激发乡村治理活力，提升乡村治理水平，又为党和国家培养了一大批优秀可靠的接班人。大学生村官为乡村社会民主建设提供了新鲜的血液，有助于化解各种矛盾，协调各方面利益，同时还起到了沟通乡村和城市的关系。

结束语

实施乡村振兴战略,是破解新时代我国经济社会发展面对的主要矛盾的迫切需求,提出、制定和实施乡村振兴战略将在化解我国社会主要矛盾将发挥重要作用。必须坚持以"人的城镇化"为核心,实施城镇化与乡村振兴双轮驱动的城乡融合发展战略,推进城乡同步、协调、和谐、融合、平等发展。建立健全城乡融合发展体制机制和政策体系,在规划布局、要素配置、产业发展、公共服务、生态保护等多个方面实现城乡的共同发展。推进农业农村优先发展,推动要素资源更多地向农村配置,加快推进城乡基本公共服务均等化,加大农村各项事业建设力度,实现农村振兴和农业农村现代化建设目标,补齐城乡融合发展的短板。要贯彻城乡融合平等发展的理念,树立城乡一盘棋的发展思路,城市和乡村的发展都要服务于城乡融合发展大局,切实破解我国经济社会发展不平衡不充分的现实难题。

参考文献

[1] 王昆，周慧，张纯荣. 乡村振兴之路 [M]. 北京：北京邮电大学出版社，2018.

[2] 苟文峰. 乡村振兴的理论、政策与实践研究：中国"三农"发展迈入新时代 [M]. 北京：中国经济出版社，2019.

[3] 吴洪凯，许静. 生态农业与美丽乡村建设 [M]. 北京：中国农业科学技术出版社，2015.

[4] 袁利平，姜嘉伟. 关于教育服务乡村振兴战略的思考 [J]. 武汉大学学报（哲学社会科学版），2021，74（1）：159-169.

[5] 陈有联. 乡村振兴背景下农业高质量发展的逻辑必然与实践路径——以赣州蔬菜产业为例 [J]. 安徽农学通报，2021，27（4）：5-7.

[6] 王安宁. 乡村振兴战略背景下加快推动城乡融合发展的对策 [J]. 乡村科技，2021，12（2）：34-35.

[7] 汪婷. 乡村振兴战略视域下城乡融合发展路径研究 [J]. 农村经济与科技，2021，32（1）：213-214.

[8] 任海. 乡村振兴战略与中国特色城乡体育融合发展 [J]. 上海体育学院学报，2021，45（1）：1-8.

[9] 姚红梅. 林业在乡村振兴发展中的重要作用 [J]. 写真地理，2021（17）：88.

[10] 郝文武. 为乡村教育振兴而大力推进乡村学校特色发展 [J]. 教育与教学研究，2021，35（1）：7-14.

[11] 黄淑秋. 新形势下乡村经济振兴发展探析 [J]. 中国战略新兴产业，2021（3）：263-264.

[12] 刘长铎. 乡村振兴战略背景下农村现代化发展对策研究 [J]. 安徽农业科学，2021，49（2）：259-262.

[13] 许胜晴. 论我国乡村振兴的生态化发展及其法治保障 [J]. 西北大学学报（哲学社会科学版），2021，51（2）：143-150.

[14] 高晶琳. 乡村振兴战略背景下农村经济发展路径思考 [J]. 环渤海经济瞭望，2021（1）：67.

[15] 李艳红. 乡村振兴背景下农业经济发展面临的机遇和应对 [J]. 探索科学，2021（3）：198.

[16] 汤娜. 乡村振兴背景下乡村旅游发展概述 [J]. 写真地理，2021（18）：386.

[17] 钱玉明. 乡村振兴背景下农业特色产业发展对策研究 [J]. 农村科学实验，2021（1）：13-14，69.

[18] 李倩. 浅谈乡村振兴背景下农村经济发展思考 [J]. 环球市场，2021（7）：3-4.

[19] 李娜. 乡村振兴战略下的农村经济发展思考 [J]. 消费导刊，2021（15）：140-142.

[20] 张宗芳. 乡村振兴中优秀传统文化的继承与发展研究 [J]. 云南农业大学学报（社会科学版），2021，15（1）：64-69.

[21] 骆宏财. 乡村振兴战略下的畜牧业绿色发展 [J]. 畜牧业环境，2021（1）：7.

[22] 蔡娇娇，柳学伟，王圣学. 乡村振兴背景下的村庄保护与发展路径研究——以西安市为例 [J]. 城镇建设，2021（5）：5-6.

[23] 潘羽. 乡村振兴背景下新乡贤文化发展现状及对策研究——以重庆永川区为例 [J]. 柳州职业技术学院学报，2021，21（1）：7-11.

[24] 龙平久. 浅谈新发展理念影响下的乡村产业振兴方案 [J]. 卷宗，2021，11（3）：238.

[25] 雷家军. 乡村知识分子与乡村文化建设 [M]. 北京：中国社会科学出版社，2018.

[26] 宋烨. 城乡统筹背景下乡村治理模式研究 [M]. 北京：中国商务出版社，2018.

[27] 吴雅骊. 旅游扶贫背景下的特困区新型"美丽乡村"建设研究 [J]. 农业经济，2021（2）：62-63.

[28] 刘彬，刘红，龙艳玲. 集体化乡村旅游发展模式的构成要素和规律特征 [J]. 农业经济，2021（2）：60-61.

[29] 白露. 体验视角下的乡村旅游产品开发研究 [J]. 农业经济，2021（3）：48-50.

[30] 高瑞龙，胡晓舟. 政策工具视角下的乡村休闲旅游业发展 [J]. 西北农林科技大学学报（社会科学版），2021，21（2）：91-100.

[31] 周慧芝. 基于地域文化的乡村旅游可持续发展策略研究 [J]. 农业经济，2021（1）：58-59.

[32] 刘建芳. 产业融合视角下乡村旅游发展驱动机制分析 [J]. 湖北农业科学，2021，60（4）：44-49.

[33] 谢素艳. 乡村振兴战略下大连市海岛旅游快速发展途径研究[J]. 农业经济，2021（3）：45-47.

[34] 文凌云，谢雨萍. 休闲旅游视域下乡村传统人文资源开发的创新路径[J]. 农业经济，2021（3）：111-112.

[35] 颜安，龚锐. 乡村旅游精准帮扶中内源式发展机理与路径[J]. 中南民族大学学报（人文社会科学版），2021，41（1）：154-160.

[36] 马颖杰，胡卫伟. 乡村振兴背景下乡村优质旅游发展研究——以浙江省为例[J]. 江苏商论，2021（1）：69-72.

[37] 郭科. 流动性治理：乡村社会治理的未来趋向[J]. 领导科学，2021（4）：39-43.

[38] 杜鹏. 乡村振兴战略下的集体经营机制：类型与比较——基于村庄治理能力的视角[J]. 南京农业大学学报（社会科学版），2021，21（1）：52-63.

[39] 赵泉民. 乡村现代性成长及其对基层社会治理影响分析[J]. 中共福建省委党校（福建行政学院）学报，2021（1）：125-133.

[40] 李怀. 集体地权整合、农村经济发展与乡村治理现代化[J]. 新视野，2021（2）：85-91.